你的親密關係模式，藏著你過去的傷

心理諮商師帶你看見童年對婚姻的影響，陪你療癒創傷、修復關係，重獲愛的能力

曾少芬　著

高寶書版集團

戀愛，讓很多人有了結婚的衝動。
婚姻，卻破碎了很多人對愛的幻想。
可是，戀愛與婚姻，從來不對立。
內心擁有愛的能力，
在婚後的柴米油鹽中，
愛情可以繼續生長。

人生五章

第一章

我走在街上
人行道上有個很深的坑
我掉了進去
我迷失了，我絕望了
這不是我的錯
我費了很大的勁才爬了出來。

第二章

我走上同一條街
人行道上有個很深的坑

我假裝沒有看見
我又掉了進去
我不敢相信我又掉進同一個坑
但是這不是我的錯
我仍然花了很久才爬了出來。

第三章

我走上同一條街
人行道上有個很深的坑
我看見了
我又掉進去了，這是個習慣
但是我的眼睛是睜開的
我知道我在哪裡
我知道我是怎麼掉進來的

我立刻爬了出來。

第四章

我走上同一條街
人行道上有個很深的坑
我繞道而行。

第五章

我走上另一條街。

自序
有愛的能力，婚姻才不是搭夥，而是餘生

相愛不易，經營婚姻不易，能夠白頭偕老，擁有一段持續被愛滋養的婚姻更不容易。

在過去十多年的婚姻諮商生涯中，我遇過不同的來訪者，有二十來歲的年輕人，也有七八十歲的老人家，來訪者中，有「中年婚姻危機」的人更多。我見過一些本來生活在幸福中的人，被突如其來的「暴風雨」吞噬苦心經營的一切；我也見過許多人在婚姻中一直過著隱忍的生活，本打算將就著過，但沒想到最終還是亮起了「紅燈」；還有一些人一直生活在婚姻的困境中，卻遲遲沒有勇氣面對，直到孩子的叛逆或「生病」迫使他們尋求諮商……

大多數人在婚姻中都有過煎熬的經歷。然而，老天安排的一切都是善意的禮物，目的就是喚醒那沉睡的心。慶幸的是，只要他們有勇氣，都可以透過心理學的課程或

者心理諮商的方式療癒婚姻帶來的創傷。許多學生或來訪者給我回饋：透過學習或諮商，他們不但從痛苦中走了出來，而且還喚醒了內心強大的力量。哪怕沒有了外在的支撐，他們的內心依然能夠充滿愛、平靜和篤定。

關鍵是，這份生機勃勃的力量將陪伴他們一生，而且會令他們創造出新的幸福生活。

在課堂上，我經常提到人有三度出生，人在第一度出生時（精子和卵子的結合）本來就圓滿具足；但是在第二度出生（出生進入成長家庭系統）後環境塑造了認知，卻和自我逐漸「失聯」；如果有幸獲得第三度出生的機會，透過和自我重新連接，又可以找回圓滿具足的自己。第三度出生，是讓我們成為自己生命品質的決定者。帶著覺察，我們的內心擁有一切創造幸福和成功的資源。

很幸運，十七年前，我因為重度憂鬱走進了心理學的課堂而得到了治癒。從那以後，我就對與「人」相關的學問研究特別感興趣，同時也全身心投入這一項助人的事業中，這些年在不知不覺中幫助許多人走出了情緒的沼澤，並擁有了修復支離破碎關係的能力，帶領家庭穿越困境走向幸福。

有些人說做心理個案諮商很容易接收來訪者的情緒垃圾，我不否認這是一個互相影響的過程，但對我來說，每個個案的諮商，更多的是一次生命的領悟和滋養的過程，我的內心也在其中更加通透、更熱愛生命。

這本書總結了我這些年的個案諮商經驗，重點在於分享愛情、婚姻關係的經營邏輯，呈現調整的典範，為大家提供走出親密關係困境的方法。這是我潛心兩年完成的作品，很多部分的內容寫寫、刪刪、修修、補補，為的就是透過樸實且溫情的文字來呈現我想要傳達的觀點和思想。我希望用最簡潔易懂的文字幫助大家最快地看到問題的本質，進而幫助大家最有效地解決問題。為了提升本書的實用性，我用了大量真實案例來解讀理論。每篇內容後的「探索練習」，希望大家能夠結合自己的現狀去思考、實作，相信會對你大有裨益。

我在多年的學習、培訓過程中，見證了許多學員透過學習幸福心理學而成長、改變，從而擁抱幸福人生的例子。本書收錄的故事全是發生在我的諮商室或我的課堂上的真實故事。我刻意隱去他們的真實姓名，以保護他們的隱私，並做了必要改動。也許你或你身邊的人正在經歷他們曾經經歷的事。祝願每位有緣讀到本書的讀者，人生能因此更加美好，關係也因此更加圓融！

感謝所有支持我的朋友，特別感謝願意在書中貢獻自己真實故事的朋友。最後，感謝我親愛的家人，感謝你們一直的陪伴和關愛！

二〇二一年八月三十一日

目錄

CONTENTS

第三章 衝突背後的眞相：衝突不是問題，應對方式才是問題

目錄

CONTENTS

目錄

CONTENTS

前言

婚姻的眞實與選擇

所有的童話故事結尾都千篇一律地寫道：「從此，她和王子過著幸福快樂的生活。」我們每個人的內心都曾經有過這個美麗的夢。但當我們真切地進入婚戀關係之後，隨著激情退卻，取而代之的就是為雞毛蒜皮吵吵鬧鬧，或同一屋簷下卻無話可說，成了最熟悉的陌生人。

有人以為只要換個人就好了，經歷過後，他們會發現情況是如出一轍，只是渴望真愛的心已經支離破碎。**其實婚姻的選擇，我們一開始就是在盲人摸象。這才是關於婚姻的眞實。**

兩個人彼此吸引，而又沒有能夠全然瞭解對方，在激情的衝動下，在對結婚的憧憬中，在對完成婚姻大事的焦慮中，在對建立情感連結的渴求裡，我們走進了婚姻。

但這**並不意味著我們有能力適應婚姻並懂得經營婚姻，並不意味著我們成熟到不會在**

親密關係裡暴露內在的傷痛，也不意味著和他在一起就是一個非常正確的選擇。

兩性親密關係是所有關係中最難處理的，因為**彼此要面對很多差異**，比如從一開始，彼此就各自攜帶與生俱來的不同先天氣質，來自兩個不同的原生家庭，從小形成不同的生活習慣和價值觀，面對衝突不同的態度，彼此不同的信仰，等等。還有男女兩性，無論在身體上還是心理上都存在很大差異，很多人在結婚前對異性一無所知，這些碰撞只有在婚姻關係中才會體現。

所有這些都**需要足夠長的時間磨合，以及兩個具有成熟心智的人去接納彼此的不同**。

家家有本難念的經。每個人穿著不同的鞋，走著不同的路，便有著不同的感受。故此，無論你現狀如何，我都無法給你答案。

因為，你有選擇的權利。只是，在你做出選擇之前，希望你有緣看完這本書。

本書選取我過去處理的部分較有代表性的婚姻個案作為探索，所有的故事背後都有著我們不曾探索過的真相。**當你瞭解到這些眞相的時候，相信你會換一種眼光、換一個角度去看過往的感情，你會有不同的想法和感受。**

著名哲學家柏拉圖說：**「人生最大的遺憾，莫過於輕易地放棄了不該放棄的，固執地堅持了不該堅持的。」**

重要的東西用眼睛是看不見的，只有用心才能看清楚。有心人的生活總會多一些幸福的滋味。

我希望，在用心看完這本書後，你能增強創造幸福的能力。同時，你也會**做出更加明智的選擇：關於幸福的選擇——把過去那本「難念的經」變成一本「幸福的經」**。

❤婚姻的選擇

但凡找我做婚姻諮商的，我都不會輕易給他們建議，更不會告訴他們應該做出怎樣的決定。

但是，我會儘量放空自己，帶著好奇去瞭解每個人的故事，並試著和他們一起去探索一些他們過去沒有探索過的部分，讓他們增加一些新的視角，再由他們自己做選擇。

我會告訴他們，無論這段婚姻已經開始了多久，他們最少有四個選擇：

❤選擇一：繼續努力，經營出一段幸福的婚姻

這是一段感人的對白：

番茄：「我愛你！」

馬鈴薯：「我也愛你！」

番茄：「但是我們不一樣。」

馬鈴薯：「等我……」

馬鈴薯回來後變成了薯條。

薯條：沒有情侶在開始的時候就是完美的。

馬鈴薯變成薯條，番茄就成了番茄醬。

幸福的婚姻，需要兩顆願意改變的決心。

至少一方先走出第一步。因為一個人改變了，也可能會影響另一個人改變。但這僅僅建立在雙方都有獨立自主的人格的基礎上。因為每個人的力量都是有限的，只有你願意貢獻一些，他願意貢獻一些，彼此互相貢獻，婚姻才會長久。

透過多年婚姻諮商工作累積的經驗，我發現，夫妻要白頭偕老，而且幸福快樂，需要以下幾個條件：

第一，兩個人都有獨立自主的人格，都有自我負責的能力。

第二，瞭解彼此存在的差異，有求同存異的意識。

第三，培養面對和處理衝突的能力，有風雨同舟的勇氣。

第四，要發展出友情，有共同感興趣的話題。

所以，這些也是本書要探討的方向。

❤選擇二：湊合著維繫婚姻

不少人認為婚姻就是「搭夥過日子」。他們為了結婚而結婚，為了延續後代而結婚，為了有個依靠而結婚，為了衣食無憂而結婚……這樣的婚姻，大抵除了「銀子、房子、車子、孩子、面子」，再沒有更多的共同話題了。隨著一個個目標的達成，利益共同體逐漸分崩離析。沒有情感的交流，彼此內心有解不開的疙瘩，在一起沉重又有壓力，卻又不願去面對和解決。

於是，你有你的空間，我有我的世界，彼此成了「最熟悉的陌生人」。有人因為內心沒有安全感而繼續忍辱負重將就著過，也有一些人由於離婚「成本太大」而勉強繼續做名義夫妻。

這樣有名無實的婚姻無異於自欺欺人。

❤選擇三：好聚好散，再見亦是朋友／親人

離婚的原因有很多。如果單方面已經竭盡全力，而付出與索取一直處於失衡狀態，對方一味索取，那關係終有一天會走向結束。因為沒有人可以做婚姻的救世主，單方面背負太多反而是害不是愛。

在中國，沒有孩子的婚姻比有孩子的離婚容易很多。因為很多父母擔心離婚會影響孩子。其實，明白人知道離婚只是一種不同的相處狀態。整日爭吵或冷戰的父母，對孩子而言還不如一對和平分手並依然共同關心、愛孩子的父母。

經過婚姻諮商之後再決定離婚的人，他們選擇離婚時能更加理智地處理，即使分開也會彼此祝福、彼此顧念，並共同撫養孩子。他們比較能注意到另一半的缺失對孩

子的影響，並且有意識地給予孩子足夠的關注、愛護，使其學會獨立生活。這樣的孩子成人以後，反而更懂得如何愛別人和理解別人、如何處理問題。

♥選擇四：反目成仇，形同陌路

儘管現在離婚率越來越高，但很多人依然會覺得離婚意味著「很失敗」。帶著「失敗」的負面想法，有些人離婚後形同陌路，老死不相往來，甚至心裡還有怨恨。婚雖離，但「關係」依然有著千絲萬縷的恩怨情仇，這些剪不斷的情緒會一直束縛著彼此的心，也很難在新的關係裡獲得真正的幸福。

其實，**失敗的永遠不會是婚姻和伴侶本身，而是你對待婚姻的態度**。分手或離婚只是一種選擇，不總結不成長才是真正的失敗。**讓過去完結，帶著尊重和感激看待過去，這是所有離異人士重獲幸福的前提功課**。

無論你選擇的是什麼，請記住你永遠是有選擇的。每個人都有獲得幸福快樂的資源和能力。這是我們與生俱來的權利。如果我們沒有將它變為現實，可能是因為我們還沒有認識到自己內在的潛力，也可能是因為我們不相信幸福會在我們身上實現。

正如在《刺激一九九五》裡含冤入獄的安迪在看不到出路的時候依然說：「希望是美好的事物，也許是世界上最美好的事物，美好的事物從不消失。」無論一個人承受著怎樣的痛苦，只要心存希望，他便有了突破的勇氣。

設定你的目標

「困」，就是一個人像木頭一樣，老老實實地待在自己的框架裡。困難，因為「困」所以「難」。困難背後是目標，當你有一個「困難」時，你不如問自己：我要的目標是什麼？

現在就讓我們先邁出第一步——設定你的目標。

請列出希望解決的問題和目標

在最一開始，為了讓這本書更具有實用性，我邀請大家列出一些婚戀關係中正在面臨的問題，並設定理想的目標。或許你正面臨著艱難的抉擇，或許無法實現你想要的目標，又或許你正面臨著一個非常有挑戰的問題……你都可以一一羅列下來。

這樣做的好處是：就像開車前會先設定目的地，只要不偏離目標，始終會到達我們要去的目的地。

問題和疑惑一：

理想目標：

問題和疑惑二：

理想目標：

問題和疑惑三：

理想目標：

問題和疑惑四：

理想目標：

……

第一章　爲什麼在愛情面前如此無力

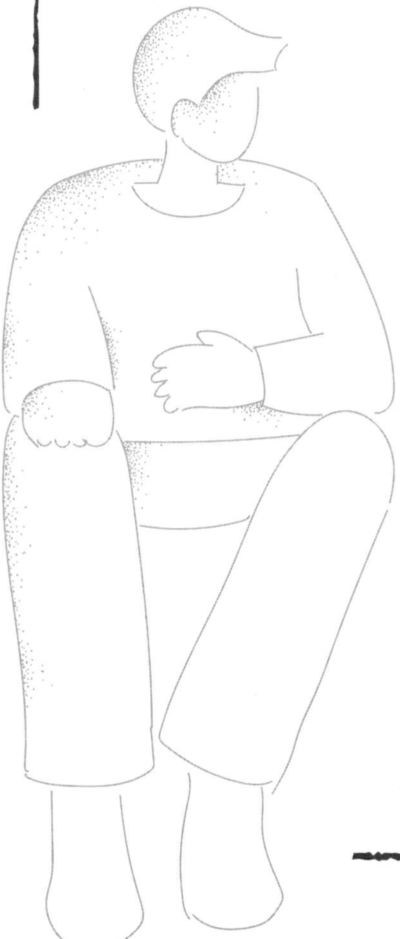

真正的強大，
不是那些套在你身外的光環，
而是有勇氣呈現真真實實的你。

真正的強大，
不是我們把自己藏得多深，
而是勇於去探索與面對內心的陰暗面。

真正的強大，
不是我們從來沒有眼淚，
而是流著淚還能微笑著堅定前行。

——節選自：維琴尼亞．薩提爾〈真正的強大〉

1. 關係裡留下的傷疤，都是內心世界的映射

蘭在六年前離婚了。她是一個非常為他人考慮的女人。離婚後，為了不讓父母擔心，她把所有的情緒和感受都封存起來，一切傷痛和結果都由自己承擔。為了讓自己盡快走出婚姻失敗的陰影，她開始改變自己，每天吃營養早餐、美容、看書、養生、早睡早起、工作。她變得越來越堅強，也變得更孤獨、更沒有社交。除了工作，沒有其他的娛樂方式，她唯一的喜好就是用看書來解決一切煩惱。她與前夫基本上沒有任何聯絡，除了女兒的生活費，兩個人根本無法交談更多，多說一句話就會吵架。

本以為沒有男人也一樣可以活得很好、很開心的蘭，看起來很好卻並不是真的開心。外表是偽裝給別人看的，但偽裝時間長了就活在了自己的世界裡。隨著時間推移，她內心也會感到孤獨和寂寞。

離婚快兩年時，蘭交了一個男朋友。相處前，她和對方說了三條規矩：第一，一定要彼此信任；第二，如果沒有清理好離婚前的情緒，那麼先不要在一起；第三，不

可以動手打人。

當時對方回答沒問題，可是兩人相處一年就以失敗告終了。為什麼失敗？與之前的婚姻有區別的就是有條約在先，**蘭以爲有條約就可以解決問題，就可以不重蹈覆轍，可是一切都像輪迴一樣發生著**。對方會因為沒有安全感、缺乏信任而一次次地審問她、查看她的手機通訊軟體。每次當她憤怒的時候，對方就說因為我愛你，所以才在乎你，才會那麼做。一次次的妥協和一次次心軟地原諒對方，直到有一次對方在不斷逼問後動手打了蘭，蘭果斷提出分手。蘭很痛苦，她想：**爲什麼我總是遇到這樣的男人？爲什麼我總遇不到眞正愛我的人？到底是爲什麼？**

再後來，蘭遇到了現在的男朋友，發現原來的相處模式再次出現，自己變得既渴望愛情和幸福，又害怕面對，已經完全不知道如何去經營一份感情了。她對男人越來越不信任，也不敢再結交異性朋友了。

像蘭這樣的案例不在少數。當我們在多段關係中反覆重現不好的相處模式時，換掉伴侶等於換湯不換藥。**如果我們不瞭解自己，就很難瞭解對方，也就難以對感情中雙方的情緒做出恰當的處理，最後就應了這句話：自己是什麼樣的人就吸引什麼樣的**

人。

蘭曾經萬念俱灰，對未來感到恐懼、迷茫，她形容自己：「只剩下軀殼在外面漂泊，心也不知道去哪裡了。」但是透過諮商，我引導她看見自己從小一直渴望又一直缺失的那份被愛的感受。從小愛的缺失令她在關係中很難表達親密，甚至無意識地表現高冷。每當她渴望對方關心的時候都是話中帶刺，於是上演了一幕幕相愛相殺。

只有先瞭解自己，才能看見真相，才能看見別人。當看到真相時，一切問題都會有方法來解決。當我們加深了對自己的瞭解時，我們對他人的瞭解也會越來越深。這時，遇到問題就會深入溝通、積極面對，哪怕吵架都會讓彼此更相愛、更珍惜。

蘭意識到，過去的關係為自己留下的傷疤，都是自己內心世界的映射。她透過提升自我覺察，慢慢地從關係中的受害者變成了關係中的責任者。現在，她不僅會跟男友談情說愛，還改善了自己跟前夫的關係。她也開始懂得男人需要認可和尊重，她認可他時也得了到他的認可。在孩子面前，她學著誇讚前夫是一個好爸爸，不再將自己對前夫的抱怨轉移給孩子，孩子也明顯開心了很多！

任何關係，都是自己的一面鏡子。當有個人喚起我們的傷痛時，表面看來是他引起了這一痛苦，事實上引起痛苦的是我們內心深處曾經有過痛苦的傷疤，而現在出現的人或事和之前的經歷有相似的地方，所以深藏的傷疤被再度揭開。當然，關係中一個巴掌拍不響，每個人內心都有一張獨特的地圖，關係中的雙方一旦可以覺察出各自的投射源，並開始在這段關係中為自己負起責任，成長及療癒就開始了。於是雙方都開始為自己的感情負責，而不會因為感到生氣或痛苦，就去責備對方。

當我們學會感恩過去的一切，找回真正的自己時，也就有了擁抱幸福的能力。在尋找幸福的路上，蘭是勇敢的，儘管不斷失敗、不斷受挫和迷茫。

我從多年累積的諮商經驗裡，得出一個關於離異人士重組幸福家庭的經驗：離異後不要急著進入第二段感情，草率的婚姻很少美滿。給自己一段「空檔期」，沉澱總結是非常重要的。然而，這個對大多數的人來說不容易做到。

從蘭的親身經歷來看，如果沒有從過去總結出寶貴的經驗，沒有真正解開前一段關係的心結，而是帶著過去的負面情緒和填補寂寞的心態進入第二段關係，或者想證明給前任看，那麼這段新關係再次失敗的機率會很大。

如果你在關係中有傷痛，就會使你與較低意識連結。即使你和對方分開了，傷痛仍然在你的心裡。一段令人痛苦、具有破壞性的關係會降低你的意識層次，使你與較低的意識連結，容易做出錯誤的選擇、建立錯誤的關係，也會給自己帶來更大的傷害。

如果你過去的關係沒有被療癒，那麼你的根就是不健康的，無論你做什麼，都會被拉回衝突的狀態。唯有當舊的傷口癒合時，才能開始一段健康的關係。

我曾看到過這樣一段話：「別人撒鹽傷不了你，除非自己身上有潰爛之處。每當你覺得受到傷害，是因為你有傷口，所以只要別人不經意觸碰，你就敏感地又叫又跳，要別人為你的傷口負責。試想，如果傷口發炎的是你，卻要別人去吃藥，你的傷口會好嗎？凡事不要歸責於他人，而要反省自己。他人只是一面鏡子，在照著你自己。」

是的，**強大的人，願意爲自己的傷口買單**，要為自己的傷口負百分百的責任，這需要很大的勇氣。但也唯有這樣，你的傷才有被療癒的機會。

著名演員胡歌說：「人很多時候都在慣性中生活，沒有辦法也沒有願望去真正認識自己。車禍把我撞離了原本的軌道，讓我能夠以最真實的狀態去尋找新的動力和方向。」

當你意識到自己不能再走老路，願意改變、成長時，終有一天你會明白：**傷口是光進入你內心的地方**。過去的失敗，只是在回饋訊息——這樣做行不通。

一個人的心若能大難不死，那麼他的生命必將燦爛綻放。

探索練習

生活中有沒有重複出現的一些傷痛？閉上眼睛，靜下心來探索一下，這些傷痛從什麼時候開始有？也許你早就把一些痛苦的記憶隱藏了，沒有關係，這是你保護自己的一種方式。繼續下面的閱讀，回頭再看的時候，心門也許就會打開。

2. 看不見的冰山

霧裡看花水中望月
你能分辨這變幻莫測的世界
濤走雲飛花開花謝
你能把握這搖曳多姿的季節
煩惱最是無情夜
笑語歡顏難道說那就是親熱
溫存未必就是體貼
你知哪句是真哪句是假
哪一句是情絲凝結
借我借我一雙慧眼吧
讓我把這紛擾看得清清楚楚明明白白真真切切

——歌曲〈霧裡看花〉

著名物理學家霍金曾說：「雖然我有物理學博士學位，不過女人至今對我來說，仍是非常神祕的，而且是一直都沒辦法解開的謎團。」難道世間只有女人的心最難懂？不，對女人而言，男人的心也一樣難懂。

古語云：人生難得一知己，千金難覓一知音。為什麼知音難覓？皆因人心難懂。我們所能看到的世界，僅僅是行為的世界，而人的內心世界是如此隱蔽。人與人之間的交流，哪怕是同床共枕的伴侶，也很難做到無話不說、真情流露，特別是華人家庭在表達真情實感這方面是非常困難的。我們把這種現象稱為「述情障礙」。

「述情障礙」是怎麼形成的呢？我們小時候，有情緒通常是不被允許的，「不准哭」、「不准鬧情緒」，甚至因此而受到懲罰。所以我們討厭流露情緒，哪怕有情緒也不知道怎麼處理，一般情況下會盡可能裝作沒事。漸漸地，我們便與自己的心分離了，變成了心裡有話口難說。比如熱戀中的情侶，女生突然生氣了，和男生說：「你滾！」事實上，她的內心是希望「你快點來抱抱我」。我們對孩子也一樣，內心是期望子女成材的，但表達出來卻是「像你這樣長大了絕對會去當乞丐」、「你真是爛泥扶不上牆」。

我們都有過很多莫名其妙的時候：「我也不想這樣說，但是忍不住就脫口而出了！我也不知道為什麼會這樣？」如果我們連自己都搞不懂，我們怎麼去懂別人呢？

心理學家榮格有句名言：「向外看，夢遊；向內看，覺醒。」覺醒是把眼光從外在轉向內在，焦點從行為轉到內心世界（內心世界就是一座隱藏的冰山，或者叫潛意識），這時我們就會打開內在的那雙慧眼，覺察到在他和我的內心世界裡發生了什麼，我們的內心都經歷了什麼。

你可以嘗試帶著一份好奇，去瞭解一個未曾觸碰的內心世界。你將會發現人們所做的事、說的話、經歷的事，都只是一種表面現象，促成這些表象的是那些背後的心理過程。如果你願意去看，你將嘆為觀止，因為**在人的內心發生了一系列不爲人知的心理活動，才有了那樣的行爲**。

比如你想心平氣和，但又控制不住發脾氣，這就好像有兩個聲音：想心平氣和是你意識的聲音，忍不住發脾氣就是潛意識（內在冰山）的聲音。又比如你喜歡一個女孩，想告白，但又擔心對方拒絕或覺得自己配不上對方不敢告白，想要告白是意識，覺得自己配不上是潛意識。

可以說，我們每個人的命運都是由我們的潛意識冰山決定的。如果我們不瞭解潛意識，就只能被潛意識牽著鼻子走。我們來看一則伊索寓言：

有一天，北風向太陽發起挑戰，要和太陽打賭，看誰先脫下路人的衣服，誰就是勝利者。北風施展威力，用力猛吹，但是風越大，路人把衣服裹得越緊，最後北風不得不放棄了。北風請太陽出來，看看他的本事，太陽撥雲見日，陽光普照，路人感到溫暖，便將衣服一件件地脫下來。北風使出渾身解數也沒有做到的事，太陽輕而易舉就做到了。

改變絕對不是強迫發生的，能強迫的只是表面的行為。如果我們不瞭解一個人內心的需求和心理活動，只在表面行為上去拚命努力，控制自己不能發脾氣，那些所謂的為你好和靠「打雞血」維持的毅力常常以失敗告終。

「野火燒不盡，春風吹又生。」行為就是那生長在地面上的草，怎麼燒都沒有用，只要根還在，草必重生。因此，執著於改變表面行為是下下策，透過表象看本質，從內在開始做轉變才是大智慧。在我們知道一個人潛意識的冰山歷程後，我們將會成為「太陽」。在人際互動中，我們就會變得簡單很多。

小婷知道好友小月準備離婚，便建議她離婚前找我做個婚姻諮商，就當是給她的婚姻最後一次機會。

小月決定藉這個機會和丈夫江好好談一下孩子的撫養問題。至少說清楚離婚以後，他們各帶一個孩子，怎麼讓孩子感受到父母雙方的愛，把對孩子的傷害降到最小。於是，小月夫妻二人出現在我的團體諮商裡。

他們疲憊、尷尬、互相看不慣。

第二天，在上完理論部分的講解課後，小月很積極地站出來爭取到做個案諮商的機會。她先分享了理論內容帶給自己的觸動，覺得自己和丈夫現在才意識到，兩個人都活在自己的「有色眼鏡」下，並戴著「有色眼鏡」審視對方的生活。這種思維和行為使夫妻二人都感覺特別累，而且覺得生活如一潭死水，毫無改變和改善的可能。小月鼓足勇氣表達出了自己在婚姻中的痛苦，並希望自己可以摘掉「有色眼鏡」，看到婚姻痛苦的真相。

我問他們：「準備好了嗎？」還沒說話，小月已經止不住眼淚了，他們分別點了點頭，個案便開始了。

「你小的時候，爸爸媽媽是怎樣相處的？」我問小月。

小月說印象中最深的畫面就是：「爸爸媽媽爭吵著，廝打著……」媽媽的眼淚、爸爸的倔強，都出現在眼前。

我按她所說，請兩個人分別扮演她的父母，做出相應的姿勢：站立，一手插腰，一手互相指責。

「看著他們。」我指了指扮演父母的兩個人，「和我說說，發生了什麼事？」

小月的腦子裡迅速跳出一個畫面：在她還很小的時候。爸爸當時的工作是祕書，每天要寫報告，寫到很晚。因為小月愛哭，爸爸思路受到干擾就會發脾氣。一次，爸爸喝了酒之後，惡狠狠地說要把她從樓上丟下去。他們家住五樓，掉下去，是會死的。從那之後，每次爸爸喝了酒，媽媽都會抱著小月不放手。因為怕爸爸真的藉著酒勁把女兒扔下去。小月還是個小孩的時候就已經學會，哭的時候不能哭出聲音，要讓眼淚順著臉頰流下來，然後快速擦掉。

我用溫和而堅定的眼神看著她，和她對視的那一瞬間，小月的眼淚像決堤的洪水一樣，彷彿終於可以放心地哭了。

我看了一眼江。江強忍住的淚水也流下來了，他抱住小月說：「老婆，你真辛苦。」小月哭得梨花帶雨，在江的肩膀上抽泣著。

我很有感觸地說：「這個女孩子，在還那麼小的時候，就要帶著那麼強的恐懼感生存。她不知道，自己會不會被爸爸摔死，連真實的情緒都不敢表達。她還那麼弱小，就築起一層層的盔甲，讓自己的外表變得強大來保護自己，這是她當時唯一可以生存下去的可靠武器。你們兩個只在一起三年的時間，她怎麼能說放下就能放下自己最寶貴的武器呢？」

小月從江的肩膀上抬起頭，用濕潤的眼睛看著我。

「可你有沒有發現，你最強大的武器，也正在傷害你最親密的愛人和家庭？」我帶著關切的眼神看著她。

小月若有所思，眼淚再一次流了下來。她說：「剛剛，我的心砰的一聲，腦子裡出現了好多江的語言和表情。我很震驚，從沒有想過，我竟然在用我習以為常的東西，給了他那麼大的傷害。可這一點，我自己並不知道。」這時候她才想起江說過的話：「你有照過鏡子嗎？你吵架的時候臉都變形了，像個瘋子，特別地醜。」

「可能真的是我太強勢了。」她的眼淚繼續嘩嘩地流。我沒有繼續追問小月發生了什麼，我知道此時的眼淚，意義是不一樣的。

我溫和地轉向江：「你愛她，愛這個家，就給她多一些安全感。她的武器永遠都會在身上，但只要家是安全的、溫暖的，她就不會拿起武器針對你，而是拿去對付別的人和事。這樣的話，你的老婆才會在家裡溫柔，在外面能幹。」江轉過頭看著小月，狠狠地點了點頭。

江的原生家庭，讓我印象深刻的是，他的媽媽是國中學年主任，屬於很強勢的指責型的人。他的爸爸對江卻極其寵溺。他的媽媽經常要他不要去做課間操，而是去老師那裡背英語；他的爸爸雖然只是一名普通職員，卻透支家裡的錢，為他買了一台電腦。

江在很小的時候，就在父母寵溺和指責這兩個極端狀態來回切換中成長。所以，他從小就習慣性地把自己的情緒封閉起來。特別是個人情感的表達，他幾乎沒有。

小月之所以和他吵架也是這個原因，他真的不懂別人最起碼的情緒。兩個小孩生病住院，他不是去醫院照顧，而是在家裡陽臺上烤肉。所以小月覺得他不配做爸爸，才執意要離婚的。甚至女兒都不叫他爸爸，而是對著那個接她放學、買零食給她的司機叫爸爸。

也正是這件事，成為他們鬧離婚的導火線。如果小月能夠看到江的原生家庭創傷，對自己的丈夫或許會多一些理解，少一些埋怨。我引導小月去想像江面對父母如此矛盾又頻繁的情緒變化，幫助她去理解自己的丈夫為什麼如此沒有共情能力，為什麼如此封閉自我情感、不善表達。因為如果他不封閉自己的情感，就會變成一個徹頭徹尾的神經病。一會兒被媽媽罵得狗血淋頭、垂頭喪氣，一會兒又被爸爸寵得得意揚揚、「天下第一」。

我告訴江：「你曾經封閉自己，是因為父母極端的教育方式。母親的強勢和掌控讓你強烈渴望自由，現在請你認真地看著眼前這個女人，你自己挑選的愛人，她從小就很好強，但她不是你的母親。」

我再次轉向小月：「你可以慢慢地試著走進他的心裡。這個男人不是你的父親，他是你選擇的愛人。他不習慣表達情緒，過去他習慣透過打遊戲獲得自由和放鬆，你可以給他自由嗎？你願意瞭解他在想什麼嗎？你願意感受他的苦惱嗎？你們願意一起分享內心的快樂和煩惱嗎？」此時，兩口子的眼睛都亮了。

個案結束後，江和小月這一對原本決心離婚的夫妻摘下了「有色眼鏡」，化解了心結，也願意珍惜對方，重新好好相處。

從做完個案到現在兩年多了，小月和江幾乎沒再吵過架，感情穩定，溝通良好。孩子們從原來的不喜歡、不接受爸爸，變成搶著和爸爸玩。

曾經的小月和江，並不知道怎樣才能讓伴侶和孩子感受到幸福和愛。現在，他們只是比從前多看到了彼此所做的一些事，多理解了對方，幸福就這樣迎面而來了。這次疫情，很多夫妻居家辦公，矛盾增加，要離婚，而他們的關係並沒有惡化。江不會抱怨小月不做家事、不做飯，小月不會說江只顧玩遊戲不顧家。兩個人各自用自己喜歡的節奏生活。

意外的是，每一次小月去做家事，玩遊戲的江也會放下遊戲走進廚房幫忙。他們之所以都有所改變，是因為他們摘掉了原來那副有色眼鏡，真的看見了對方，看到了對方的需要，而不是盲目地想要改變對方，讓對方符合自己的期待。當真正用自己喜歡的方式放鬆下來後，才能做更好的自己。在這個過程中，他們都心照不宣地支持著彼此，才有最後的風雨相依。

探索內心冰山世界的過程，是一門瞭解自己和他人很重要的學問。我們知道對方的行為和反應背後，內心走過了怎樣的歷程，於是我們就有了理解對方的能力。懂自己，懂對方，婚姻關係就會得到改善。倘若你能懂得周圍人的心，那會發生什麼變化呢？在第五章我們還會有詳細的理論和實踐指導。

探索練習

你是否也有「想」和「做」不一致的時候？嘗試寫下一些身心不一致的情況，隨著認知的深入，你會加強對這些情況的覺察。

3. 愛情五大毒藥：誰在愛裡下了毒

你今生的任務不是去尋找愛，
只是尋找並發現，
你內心構築起來的，
那些抵擋愛的障礙。

——莫拉維．札拉爾丁．魯米

你是否曾經感嘆過：幸福為什麼這麼難？曾經的相愛何時開始變成了相殺？每段感情在剛開始的時候都很美好。但隨著生活一點點穩定、安逸下來之後，我們就會開始想方設法地在某些地方改造對方、調教對方、教導對方。隨著越來越多的失望、越來越頻繁的衝突，彼此心力交瘁，心門便關得越來越緊。有些話表面上聽起來像是愛對方，其實是扼殺關係的慢性毒藥。

人生最遺憾的是你認為深愛對方，卻無意識地用毒藥餵養這段關係。瞭解內在一些病毒性信念是如何造成自己的苦難的，從而願意主動改變這些信念，這個過程會很痛，但結果會很美好。

倘若繼續堅持「我就是這樣的人」，逃避成長和改變，問題和苦難只會一直持續。

❤毒藥一：堅持要贏——「我是對的。」

「堅持要贏」不知不覺把家庭變成了法庭或者戰場，唇槍舌劍之下為彼此帶來深深的挫敗感。這種挫敗感會讓彼此之間形成一道深深的鴻溝。當戰爭結束的時候，我們會發現沒有贏家，只會留下很多遺憾。多少人為了堅持「我是對的」而賠盡了一生的幸福。當你一直證明你是對的，你就會找對方是錯的證據，來證明你是對的。當你一直想著錯誤，你的焦點就會在錯誤上，而這些都會產生負面情緒。

在我的婚姻諮商中，事無大小，小至一句話或一個小習慣，大至花費問題或處理家庭關係的觀念等，一旦要論對錯，就有可能鬧到關係破裂。堅持「我是對的」會讓我們掉進一個「雙輸」的陷阱。

從人性的角度說，每個人活著都希望證明自己是有價值的、被接納的。所以，爭論對錯背後的動機僅是為了捍衛自己的自尊。因此當一方在努力證明自己是對的時，已經無意識地把對方放到了「錯」的立場，對方的自尊已經受到了傷害。

在爭得筋疲力盡的時候，有人會吼出一句：「你認個錯會死嗎？！」無論對方的行為是對是錯，這種強勢態度，已經嚴重觸發了對方的心理防禦機制，為了捍衛自尊心，特別是自尊受過傷害的人，會形成反向心理，破罐子破摔，誓死反抗。

家庭不是法庭，更不是戰場，不能只講對錯，不講感情。**愛人之所以成爲愛人，是因爲愛人之間可以多談情少講理**。很多人為了贏，而輸了關係。在後面的章節裡，我們會瞭解到如何跳出是非對錯的二元對立，拓寬思維藍圖，從而提升接納能力。

❤毒藥二：改變對方──「我都是爲你好。」

一對夫妻找我做諮商，妻子表示丈夫總想改造她，她很痛苦。

丈夫則表示很鬱悶，其實自己很愛她。他覺得妻子穿衣的品味太差，為了讓她改變形象，丈夫甚至親自陪她去買衣服，而且買的衣服都是大品牌。丈夫說：「我做這一切都是為你好啊！」妻子說，穿上那些不喜歡的衣服，令她渾身不舒服，對她而言，她不在乎品牌，只要舒服就好。

「我都是為你好」可能是世界上最動聽的控制別人的藉口。然而真正的愛是放下所有的要求，無條件地接納這個人。

改變對方的核心動力來自我們內心對「完美伴侶」的期待，所以我們會忽略對方真正的需求。

要求對方改變通常會失敗，這時候，失望和痛苦也不可避免地襲來。要求對方改變意味著：「你不夠好。」這樣的潛臺詞同樣會貶低對方的自尊，哪怕你的理由再充分、再掏心掏肺，也會激發對方的抵觸和防衛，讓對方表現出抗拒，因此企圖改變對方只會招來痛苦和關係的惡化。

一個人不能控制另一個人，也不能改變另一個人，每個人可以改變的只有自己。如果對方有改變，那也不是「被我改變」，那只是對方個人的選擇而已。

❤毒藥三：依賴情結——「不能沒有你。」

鄧麗君的〈我只在乎你〉是一首大家很熟悉的歌：「如果沒有遇見你／我將會是在哪裡／日子過得怎麼樣／人生是否要珍惜／也許認識某一人／過著平凡的日子／不知道會不會／也有愛情甜如蜜……」

能收到這樣的表白是令人感動的，但往往也會產生被愛的錯覺。讓我們再看看後面這一段：「人生幾何能夠得到知己／失去生命的力量也不可惜／所以我求求你／別讓我離開你／除了你／我不能感到／一絲絲情意／如果有那麼一天／你說即將要離去／我會迷失我自己／走入無邊人海裡／不要什麼諾言／只要天天在一起／我不能只依靠／片片回憶活下去……」

歌詞完全濃縮了感情依賴者的心聲。或許有人會認為這是何等癡情，但是如果不能在一起，這個人就要死要活，而對方要背負他的生死。天天和一個沒有靈魂、沒有自我的人捆綁在一起，失去自己的空間和自由，顯然這不是愛而是情感綁架。寄居蟹式的黏附，必然給對方帶來極大的壓力，以及喘不過氣的窒息。

在一段成熟的關係裡，每個人都要有對自己負責任的能力。把自己一生的幸福快樂全部寄託在另一個人身上，這種託付心態非常危險。在一次婚禮上，我看到「岳父大人」牽著「女兒」的手來到新郎面前說：「我今天把女兒託付給你，以後你要好好照顧她。」新郎毫不猶豫就說：「您放心，我一定會照顧好她的！」新娘露出了幸福的笑容。

當時我打了個寒顫，全身起了雞皮疙瘩。果不其然，四個月之後，這個男生就聯絡我求救了，這段婚姻已經出現危機。

後來夫妻倆一起做了諮商。妻子說：「我只是希望他能多陪陪我。但他工作特別忙，經常到處出差，這令我非常生氣，早知這樣，我就不結婚了！我覺得他騙了我，當初信誓旦旦地說要讓我幸福，但壓根做不到。」丈夫一臉無奈：「我也想陪你，但魚與熊掌如何兼得？」

妻子把自己的幸福快樂全部寄託在丈夫身上，丈夫需要背負所有的責任，這種依賴已經令關係的天平失去了平衡。面對妻子的依賴，丈夫反而會因為壓力逃離家庭，形成反依賴的動力。

關於依賴和反依賴的人格模型，後面的章節還會有更詳盡的講述。

健康的婚姻需要兩個心智成熟的人有照顧自己的能力。婚姻中需要彼此付出，但不意味著愛一個人就要百分百為對方負責任。**愛一個人的前提是：在愛我之前，請先學會愛自己。**

♥毒藥四：情緒失控──「你根本就不理解／在乎我！」

情緒是火柴，不值一分錢，但情緒來臨的時候，這根火柴卻可以燒毀一座價值千萬的房子。從相愛走向婚姻，兩個人一定為彼此付出了很多，建立了很深的感情基礎。但是一旦觸發了情緒的開關，可能前面建立的一切都將付諸東流。

很多人說：其實我這個人挺好相處的，我在外面有很多朋友，大家對我評價也很好。偏偏對著我的家人，我就是忍不住發脾氣。相信這是一個普遍現象：我們把最好的一面給了外人，卻把最糟糕的一面給了最親的人。反過來，如果我們用對待親人的態度去對待朋友呢？也許一個朋友都沒有。

於是有了一個問題：為何在至親至愛的人面前，我們最容易情緒失控呢？簡單地說，就是我們對家人的期待比外人要高。對最親、最心愛的人，我們都期待對方是最懂自己、最在乎自己、最瞭解自己的人。

伴侶憤怒、委屈的情緒背後其實在傳遞著：「我罵你是因為我愛你，我在乎你！為什麼這都不懂？你根本就不瞭解我！不在乎我！」我們不妨反過來想想：如果另一半也用這種罵人的方式表達愛，看著對方猙獰的面目，你會感受到這是愛和在乎嗎？我們是否應該承認：我罵你不是我愛你，我罵你，是因為我情緒管理得不好。

指責不是愛，那是婚姻的殺手。要經營幸福的兩性關係，「談情（情緒）說（表達）愛」是一門必修的學問。

♥毒藥五：抱怨受害──「爲什麼受傷的總是我？」

面對柴米油鹽總有諸多不如意，從相愛到相殺，如果我們不從自身開始找原因，而只是一直抱怨，指責對方的不是或希望對方改變，結果就是成為婚姻裡的受害者。

「我無論做什麼她都覺得差勁，就一直被她唸，不就是覺得我配不上她嗎？我受夠了！」

「從小孩出生至今，都是我把屎把尿地自己帶小孩，他從來不主動幫忙，女人為什麼要結婚生小孩，讓自己背包袱呢？」

根據過往個案的諮商，夫妻之間抱怨的情況大致是以下幾點。

抱怨丈夫的：一是抱怨老公沒本事，沒有進取心；二是抱怨老公大男人主義，不管家裡的事；三是抱怨老公沒情趣，像木頭、啞巴。

抱怨妻子的：一是不會打理家務，小孩帶不好；二是嘮叨，情緒化；三是沒情趣，沒有女人味。

如此看來，男人和女人平分秋色。

過去只有「怨婦」一說，卻沒有「怨夫」這個說法，從這一點看來好像有點不公平。但仔細觀察，我們會發現女人天性比男人更愛表達，而且情感表達更豐富，這些本來是建立親密關係很重要的元素，只是一旦方式用錯，就變成了抱怨。

抱怨之所以沒有好結果，是因為抱怨不但得不到積極的回應，反而得到的是厭倦和爭執，所以積壓的委屈和不滿越來越多，日子久了，便都寫在臉上，成了個「苦」字。

兩個人在一起生活，有不如意和不愉快的事情發生都很正常。在關鍵時刻，男女雙方的態度和表達方式是否能讓對方接受，心理學上有一個「鏡子效應」，簡單說就是別人怎麼對我，我怎麼對別人。

比如妻子對丈夫抱怨說：「我做了一整天家事，快累死了，你去丟垃圾吧！」丈夫聽起來就會覺得很不爽，「是我虧欠你了嗎？我也工作了一天啊，你累我不累啊？」但換一種方式說：「老公，我需要你幫個忙，你能幫忙把垃圾丟出去嗎？我今天有點累。」丈夫聽到會很樂意，因為妻子帶著尊重的請求滿足了丈夫的價值感。這就是鏡子效應。

在那些不幸的婚姻之中，我們總是把弱勢的一方看作受害者。其實事實從不如此，婚姻之內，從無聖人，所有的失敗都是雙方的失敗。**婚姻是合作的藝術，沒有一個人的錯誤，只有兩個人的失敗。做一個受害者得到的僅僅是同情，而做一個自省者可以得到重生。**

探索練習

在婚姻關係中，你們是否也在不經意之間互相下了毒？

如果存在這種現象，有什麼改善的計畫？

4. 愛情有傷的三大根源

❤根源一：對原生家庭盲目忠誠

不可否認，爸爸媽媽／照顧者是帶領我們認識這個世界的啟蒙老師。在我們人生之初，嬰幼兒的時候就已經學會了模仿，對父母的模仿，讓我們快速適應世界。同時，父母也會把自己看待世界的方式、自己處理事情的模式傳承給我們。

臺灣的資深心理諮商師賴佩霞曾演講過這樣一段話：「如果一個家庭都是警察，出了一個小偷，誰是叛徒？如果一個家庭都是小偷，出了一個警察，誰是叛徒？當你的母親充滿哀傷，你敢快樂嗎？很多人說我要幸福！但是請你仔細想想：當你的母親一輩子都活在哀傷痛苦當中，你敢快樂嗎？我的答案是很難，因為這形同一種背叛，所以我們寧可賠上所有的幸福，也不敢背叛她。」

在前文的案例中，表面上是因為丈夫的不負責任而要離婚，而深層的原因是兩個原生家庭價值觀的衝突。小月忠誠於「媽媽的眼淚，爸爸的倔強」，江則忠誠於「母親的努力奮鬥和父親的及時行樂」。小月認為幸福就是和丈夫一起陪伴孩子長大，江則認為幸福就是事業成功，及時行樂。

原生家庭潛移默化的力量是驚人的，哪怕我們發過誓，絕對不要成為令人討厭的樣子，但可悲的是，我們也終究在不知不覺當中，成了那個討厭的人。

我們出生時剪斷了臍帶，但很多人的心理臍帶一生都沒有剪斷，那就是對原生家庭盲目的忠誠。夫妻雙方對各自原生家庭的盲目忠誠也帶來了夫妻之間價值觀的矛盾。

一對「七年級生」夫妻感情深厚。妻子婚前出了車禍，導致八級傷殘，全身骨折。但婆婆和未婚夫把她接回了家，結了婚。全家對她細心照顧，幸運的是這位妻子在家人悉心的照顧下奇蹟般地痊癒了。妻子十分感恩，不斷努力回饋這個家庭。她用愛與智慧影響了自卑的丈夫，使原本說話結巴的丈夫變得越來越有自信，說話也不再結巴，事業也有了很成功的進展。這對夫妻可謂互相成就，堪稱楷模。

但有一天，夫妻倆找我做諮商。原因是夫妻二人一起做生意，丈夫覺得妻子穿衣沒有品味，一直想改造她，妻子越來越覺得被嫌棄和壓抑，經常會為此感到委屈因而哭泣。丈夫也抱怨說：「我帶她出去好像帶著大媽一樣，我買衣服、買包包給她，從來沒有見過她興奮的表情，因此也很有挫敗感。」透過深入探討，我發現矛盾的根源在於兩個人的原生家庭在穿衣打扮方面的價值觀不同。

丈夫從小在單親家庭中跟著媽媽長大。媽媽是當地出名的企業家，一直很注重自己的穿衣打扮。兒子從小的衣褲鞋襪都是媽媽陪著買的，媽媽的教導是：**不會打扮會被人看不起。**妻子的爸爸長期在外面打工，媽媽在家帶著三個孩子。媽媽長相很好看，身材也豐滿，但她一直穿著樸素，並教導女兒：「**打扮太漂亮會受人欺負，被人說閒話，穿著不能太花枝招展！**」她記憶最深刻的是十幾歲的時候，她買了一條很漂亮的裙子，媽媽便追著她一邊打一邊辱罵，回憶起來依然猶在耳邊。

很明顯，兩個人傳承了各自原生家庭的「穿衣文化」，他們的潛意識會覺得：「我這樣做才安全，否則是不安全的。」這就是我們對家原生家庭盲目的忠誠。

在我們對世界一無所知的時候，是我們的父母或照顧者把我們一手拉拔長大，所以我們和父母或其他主要照顧者有著很深的情感連結。我們的內心深處，對於原生家庭有一份很深的忠誠。不管我們心中對照顧者是認可還是否定，是愛還是恨，我們內心深處都無意識地傳承了很多原生家庭的習慣。

成家以後，在我們有著各種社會角色和多重家庭角色的時候，潛意識裡對原生家庭的忠誠會越來越清晰地表現在生活方式上。雖然這時的我們已經遠離父母，獨立生活很多年了，但依然無法擺脫父母的影響——我們的情緒管理、溝通方式、教育理念和伴侶相處的模式，以及我們面對矛盾壓力的應對方式等，無不顯示出原生家庭的印記。這就是為什麼，當我們談婚論嫁，有了伴侶後，去接受伴侶的生活方式，或者讓伴侶接受自己的生活方式，非常需要耐心和時間。

♥根源二：繼承父母情感模式的DNA

心理學家普遍認為，在婚姻中，表面上我們是在與自己的配偶相處，其實是在不斷重現與父母的互動模式。

例如，有些伴侶從小就得到父母無微不至的照顧，形成安全的依戀關係，那麼他們在婚姻中也會無微不至地照顧對方。如果另一半也是在愛中長大的，那麼他們將延續父母婚姻的幸福模式。雖然偶有口角，卻依然能體諒關懷。如果對方從小就不能夠形成安全的依戀關係，對關愛表現出迴避和恐懼，就會出現親密關係的矛盾。

與前文提到的孩子對原生家庭的無意識忠誠相比，這種現象更像是一種刻意學習。因為父母是孩子的第一任老師，孩子會從父母那裡學習自己在這個世界上生存所需要的一切本領。這也就意味著對缺少充分的主觀鑑別力的童年期孩子來說，他們幾乎會對父母的所有行為採取無條件認同。當然，認同有正向也有反向。

比如，在小月成長的過程中，父母之間解決矛盾的第一反應就是爭吵，那麼對小月而言，吵架會成為自身最熟悉的體驗（心理學上稱為「心錨」，即深刻的印記），所以小月將爭吵視為一種「正常」溝通的方式，並在自己的婚姻中讓吵架順理成章地取代了更有效的溝通。這是對父母婚姻模式的正向認同。

江在婚姻出現矛盾時，因為害怕爭吵帶來的痛苦體驗而刻意迴避。這是他對父母婚姻模式的一種反向認同。但潛意識依然是與父母婚姻模式相連的，這也是一種認同。

原生家庭對一個人的影響是潛移默化的。在原生家庭形成的「原生情結」，在成長後會在夫妻相處中不受意識控制地重複出現，從而使很多夫妻在一定程度上「內化」了父母的行為方式，以致婚姻關係中夫妻雙方的行為、認知、情緒等也起了連鎖反應。

小月和江透過個案清晰地看到了自己的「原生情結」。

小月：「在我的童年，只要一哭，父親就會打罵我，而母親則為了保護我和父親爭吵廝打。長大後進入婚姻，我以為我找了一個和父親不一樣的男人，就可以有不一樣的生活。沒想到，江經常出差在外，回家只顧自得其樂，可以一整天在床上玩遊戲。女兒居然認為一個對她好的叔叔是『爸爸』。我無法抑制我的憤怒，當他回家時，我抄起拖鞋就往他的臉上丟，甚至我還準備了電擊棒……我認為懲罰這個不負責任的男人理所當然。」

「直到少芬老師在諮商中問我『可你有沒有發現，你最強大的武器，也正在傷害你最親密的愛人和家庭？』時，我震驚了，從沒有想過，我竟然在用我習以為常的東西，給了他那麼大的傷害，可這一點，我自己並不知道。這時候腦子裡出現了好多江的語言和表情。江說過我吵架的時候臉都變形了，像個瘋子，非常醜。」

「現在才發現，我已經『內化』了父母的行為方式，複製了母親對孩子的保護方式，也複製了父親對我的態度。」

江：「讀書的年代，我一直想擺脫母親的魔掌，過上自由快樂的生活。當初和小月在一起，是因為覺得她很活潑、很有趣，也很聰明能幹。我認為和她在一起頻率會很相近。沒有孩子之前確實如此，我們都是很能玩的人，享受工作，快樂生活。可是，沒想到孩子出生後，我才看到我們觀念的巨大差異。我討厭我媽管我，所以我也不想管孩子，我覺得這是好的，但沒想到物極必反。然後她越是罵我，我就越迴避。我討厭這種痛苦的情感體驗。但沒想到，其實這延續了我對父母爭吵的逃避模式。」

在小月和江成長的過程中，他們都沒有透過父母的關係學會如何去愛一個人，如何去和愛人相處，以及和親近的人發生矛盾後如何理智地解決問題。他們甚至把原生父母的關係合理化為一種正常的關係。長大以後，他們對愛的邊界是模糊的，一直都缺乏安全感，亦不清楚自己在親密關係中的權利和義務。

但是，並不是所有的問題家庭模式都會被一直複製下去。就像小月和江，可以透過婚姻諮商療傷。可以說，小時候從原生家庭中帶來的傷害，往往只有在自己的親密關係中才得到療癒。

小月和江說，他們做過諮商之後，只要遇到矛盾，他們就會一起「心理分析」。無疑，他們是有智慧和勇敢的。他們敢於剖析自己，直面父母曾經帶給自己的創傷。他們甚至會分別去和對方的父母深入聊天，從而更加理解自己的伴侶，並嘗試著如何更好地支持伴侶療癒小時候遺留的傷害。

如果我們曾在原生家庭受過傷，那麼透過成長，不把自己曾經受到的「傷害」帶進新的家庭，便是對愛人與孩子的負責。

♥根源三：過度自我保護使我們封閉了愛

我們的心有三層結構：最外面一層是保護層，中間一層是創傷，而最深處一層是圓滿完整的真我。保護層太厚，是我們絕大多數人的共同問題。保護層太厚，我們觸碰不到自己的真我，也觸碰不到別人的真我。所以即便我們常常感到孤獨，也無法建立真正親密的關係。因為真正的親密，是兩個真我與真我的相遇。

慣性自我保護模式是每個人在幼小的時候，為了適應家庭的壓力環境而自發形成的一種求生存狀態。因為我們幼小的時候是無助的，主要靠父母生存。所以為了應對父母，幼小的時候不得不發展出一種保護自己「安全」的應對方式。在成年後遇到類似的情景時，它就會自動啟動，成為隨身攜帶的一種習慣。

人們的自我保護模式有：討好、對抗、疏離。在不同的環境下，我們會使用不同的方式，但在面對衝突壓力時，我們會習慣性地使用最熟悉和最常用的方式。

在親密關係中，雙方啟動自我保護模式會演化出以下狀態：

依賴共生型：互相討好，在對方身上尋求安全感，互相照顧。但當一方因各種原因無法照顧對方的時候，另一方會很焦慮，產生強烈的不安全感，強烈要求對方再回到自己身邊。

指責對抗型：主要表現為互相爭吵，吵架已經成為其溝通模式。

依賴疏離型：一方表面討好，害怕對方離開自己，因此會用情感綁架；另一方感到窒息，會用逃避的方式尋找自己的獨立空間。

對抗疏離型：主要表現為一方似乎比較強勢，不停地指責；另一方退避，不吭聲。或者一方覺得婚姻很有問題，另一方覺得沒有問題。

互相疏離型：自己顧自己，互相感情依賴很少，對對方的事情不甚關心。

例如，小月和江就表現為對抗疏離型。小月最熟悉的保護模式是對抗攻擊，江的保護模式是逃避，原始的本能如同獅子和羚羊。小月以為像父親一樣用武力就能讓江害怕，從而制止對方錯誤的行為，而江以為逃避就會減少衝突和不愉快，殊不知適得其反。

正如從小月和江的案例中所見，只要雙方進入了自我保護狀態，愛的流動就終止了。因為關係中的這些互動模式是自動化的，是潛意識驅動行為「忍不住」的反應。

大多數親密關係從相愛到相殺或分離都沒弄清楚真相，只能停留在表面現象，歸咎為雙方「合不來」。

每個人都有慣性的自我保護模式和深層次的心理需求與感受。這種深層次的情感本應是夫妻在談戀愛的時候就要深入交流的，但可惜很多人沒有經歷過深入「談」戀愛的過程就進入婚姻，他們只「交流」淺層次的興趣和需求。比如：房子、車子、雙方的經濟、工作等。人們無法交流深層次的情感，一方面是因為從小的教育使彼此不習慣甚至不懂得表達內心的情感；另一方面是因為他們覺得表達內心情感是脆弱的表現，因此避而不談。這些是每對渴望幸福關係的伴侶接下來的功課。

幸福難不難？難！但那是過去，只要我們願意改變，幸福可以不難。我們可以透過學習，瞭解到底是什麼在深深地影響我們。只要我們帶著覺知，放下對立，就可以牽手幸福，把婚姻經營得越來越好。即便你有過坎坷的童年，即便你離過婚，你也可以透過學習，帶著覺知去開啟那一扇一扇幸福之門。**能攜手到白髮、共度一生的美滿婚姻，都是彼此用心經營的結果。**

探索練習

花一點時間探索你最重要的關係，可以從親密關係開始。你們各自從原生家庭傳承了什麼信念、價值觀？你自我保護的方法有模式可循嗎？你是否在重複相同的模式？你的親密關係是否傳承了父母的模式？

第二章 在感情中的創傷投射

有人喜歡你，
那只是喜歡他喜歡的特質。
其實跟你沒關係。
你可以淡然面對歡喜，
並做回你自己。

有人討厭你，
那只是不接納經由你投射出他自己。
其實跟你沒關係。
你可以接納對方的討厭，
繼續做真正的自己。

有人欣賞你，
那只是透過你碰撞內在的自己。

其實跟你沒關係。
你可以坦然面對欣賞，
不會有絲毫的驕傲。

世界上沒有無緣無故的
相遇或者離去，
愛或者怨恨，
都只是，
遇見了自己。

——節選自：維琴尼亞．薩提爾〈做最好的自己〉

1. 夢中情人：理想父母的投射

很多伴侶抱怨對方婚前婚後不一樣：「感覺自己被騙了。我現在才算看清楚了對方，當初我是沙子入眼了。」哈哈，有沒有說出你的心聲呢？我經常會半開玩笑說你們沒有被騙，只是現在才回到「常態」——正常的狀態，因為之前都是「變態」——變成跟平時不一樣的狀態。

一段關係的推進會經歷五個時期：浪漫期、權力爭鬥期、穩定期、承諾期和共同創造期。試問哪一個進入熱戀中（浪漫期）的人沒有體驗過激情？這種感覺源自體內一系列激素的變化，這是人類的生理規律。多巴胺和血清素是影響愛情最重要的物質，令人處於浪漫的激情狀態。在激情狀態下，相愛的兩個人身體由內而外散發出熱情與光芒，處處關心對方，想為對方付出，因此兩個人卿卿我我，你儂我儂，朝思暮想。這個階段讓人感覺「人生已經到達了高潮」，把對方投射為自己夢中的白馬王子和白雪公主，完全看不清對方的缺點。但這些高漲的激素一般只能維持兩年，最長不超過四年。接下來愛情則進入最有挑戰性的權力爭鬥期。這個階段的兩個人往往衝突不斷，甚至常常越演越烈。

愛情浪漫期與權力爭鬥期為什麼會有這樣的反差呢？是因為雙方愛的是自己的夢中情人，而不是在自己面前的這個人。浪漫期在激素的驅動下，雙方都很在乎彼此，並為了吸引對方而盡力展示自己最好的一面，從而滿足雙方愛的心理需求，但從「變態」回到「常態」時，才發現對方不是自己的「夢中情人」。

心理學家佛洛伊德說，成年人的一生都在尋覓童年的情感和體驗。童年的情感主要是指童年的親情和童年對父母的依戀之情，尤其是童年對異性父母的依戀情感是構成日後愛情婚姻的基礎。

明月在事業上是位非常傑出的女性，但在婚姻中卻碰得頭破血流。在前兩段婚姻裡，她投入了所有的愛，換來的卻是伴侶的出軌。在第三段婚姻裡，她認為自己已經很用心地在呵護這段關係，生怕出錯，但這段關係依然很糟糕，丈夫已經多次提出離婚，明月發現自己陷入憂鬱。

丈夫傑說，妻子太小氣了，只要他和別的女性聊得愉快一點，太太就會很不高興，因此自己也會有所顧忌。他發現自己在這段婚姻裡很不快樂，自己在事業上也算是個有成就的人，卻沒有得到妻子的欣賞。跟她出去，別人總是讚嘆太太的才華，而自己只是「明月的丈夫」。

我請他們畫出自己的原生家庭圖，用形容詞寫下小時候對爸爸媽媽的印象。

傑寫下：「媽媽：聰明、能幹、負責任、抱怨；爸爸：老實、付出、話不多、能力不夠。」

明月寫下：「爸爸：有才華、帥、能力強、暴躁、花心、不負責任；媽媽：委屈、善良、付出、任勞任怨。」

然後我問他們：「小時候你比較喜歡爸爸還是媽媽？」傑說兩個都喜歡，雖然爸爸能力不如媽媽，但是覺得媽媽有時太強了，所以覺得爸爸也不容易；明月說心裡一直很恨父親，因為他很花心，對家裡不負責任，她從小看到媽媽太勞累，長大一點點就會主動幫媽媽分擔家務。

我把話題一轉，說：「請你們寫出心中理想的另一半是什麼樣子？」

傑：「善解人意、善良、體貼、有能力、顧家。」

明月：「不能太帥、老實、專一、愛我、有能力。」

大家仔細分析會有什麼發現呢？你會很震驚地發現每個人都是以爸爸媽媽的婚姻為參照——他們潛意識裡會希望伴侶對於自己父母的優點加以傳承，不好的地方加以改進。這就形成了我們長大以後婚姻的投影來源，什麼意思呢？在明月眼裡，父親不值一提，是個負心漢的形象，長大以後見到跟父親的特質有點像的人會有什麼反應呢？接近還是保持距離？有句話是「一朝被蛇咬，十年怕草繩」，明月的內心對父親的形象是恨的，這是她的投射源，所以見到有才華、長得帥一點的男人無意識會排斥或保持距離，這種無意識的反應就是投射。心理學家馬斯洛這樣形容投射：對於只有一把鎚子的人來說，他遇到的每樣東西看起來都像一顆釘子。

蘇東坡年輕時與佛印一起坐禪。蘇東坡說：「大師，你看我坐在這裡像什麼？」佛印說：「看來像一尊佛。」蘇東坡譏笑著說：「但我看你倒像一堆大便！」佛印微微一笑。回家後，蘇東坡把這件事告訴了蘇小妹。蘇小妹聽完說：「因為自己是佛，看別人也會像佛；若自己是大便，看別人也會像大便。」

我們的生活是一面鏡子，每個人都是我們自己思想的投射。我愛的人、我不愛的人，都反映了我自己的思想。你看到什麼，說明你內心有什麼。這就是投射。

經過後面層層剖析，明月和傑都有如夢初醒的感覺。明月感慨地說：「怪不得我看見他跟異性，特別是漂亮的異性接觸時，我就會憤怒，我現在也知道為什麼會無意識壓制我丈夫的才華，原來父親對我影響這麼深，雖然我有意識地不找帥的男人，但我依然把父親帶給我的影響投射給我的愛人。過去我認為我母親沒有能力才會被父親欺負，所以我一直努力提升自己的能力，我以為這樣就可以不再重複父母不幸的婚姻，沒想到我內心的劇本一直在左右著我。」

傑說：「我也才發現我不知不覺中把她投射成我母親了，我把母親和父親之間的不公平的感覺帶進了我的婚姻，所以一直希望我的能力和付出能被她看見和欣賞。」

在大量的婚姻個案裡，我真切看到每個人心中白馬王子或白雪公主的形象都是在原生家庭父母的特質和互動方式的範本下做的修改標準。愛之所以變得那麼難，是因為我們愛的並不是眼前人，而是我們的「夢中情人」，我們自己定義的好妻子或好丈夫，只是理想父母的投射。潛意識裡要嘛是想重溫與父母的高度親密，要嘛是想填補兒時與父母關係的匱乏。而「夢中情人」就是「理想父母」的完形。

什麼是完形？簡單說就是願望的滿足。佛洛伊德有一段名言：**人生有兩大悲劇，一個是沒有得到你心愛的東西，另一個是得到了你心愛的東西。人生有兩大快樂，一個是沒有得到你心愛的東西，於是可以尋求和創造；另一個是得到了你心愛的東西，於是可以去品味和體驗。**

《港囧》是一部很經典的電影。徐崢扮演的男主角有一個「未完成的心願」：大學時每次想與初戀接吻都被打斷。直到婚後再遇初戀，那股未被完形的動力便強烈地推動他完成與初戀「一個完整的吻」的心願。歷經各種「囧事」，男主角最後終於有機會可以如願，可是儘管初戀沒有反抗，他卻沒有吻下去，因為他猛然發現自己內心愛的是現在的妻子。

法國作家弗朗索瓦．拉伯雷把完形的動力總結得很到位：「越是禁止的，人們越想去嘗試；越是得不到的，人們越是想去擁有。」

探索練習

你理想的父母是什麼樣子？
現實中父母在你心中又是什麼樣子？
你內心希望在伴侶身上獲得哪些滿足？
你是否把理想父母的標準投射到伴侶的身上？

2. 痛苦和傷害：源自錯誤的期待

人們帶著對另一半的信任和期待，懷揣著一幅五彩繽紛、幸福美好的圖畫走進了婚姻，信任和期待是推動大家結合的重要動力。然而，**關係中的痛苦和傷害正源自錯誤的期待**。所以，理性看待伴侶間彼此的期待有助於婚姻的和諧與幸福。因為沒有期待的人生是平淡乏味的，然而過高的期待又無法享受當下，幸福反而被焦慮帶走。

伴侶間的衝突往往是緣於現實與期待出現比較大的差距。當期待實現時，我們就高興；當期待沒有實現時，我們就會產生挫敗、憤怒、難過、焦慮等情緒，而且落差越大，失望就越大，關係因此變得緊繃，甚至會說出這些話：

「和你結婚是我最後悔的決定！」

「你怎麼可以這樣？！」

「你要對我負責！」

……

一旦期望對方對你負責任，你就已經失去了自己的力量，以愛之名對其五花大綁，實施「抓取、掌控」。要對方如你所願，也就有了控制和要求。**只要有控制和要求，關係就會變成戰場，愛也會走遠。**

因為當對方沒有如你期望的那樣為你承擔，或者你持續地為對方承擔而沒有得到期望的回報，關係的衝突就產生了。

如果你在關係中渴望被愛、被認可、被關注、被呵護等，那麼你的關係始於期待。期待是關係中隨時可能引爆的炸彈。當關係中彼此的期待沒有得到滿足，憤怒、委屈、悲傷、恐懼等情緒就會產生，如果失去覺察，這些情緒就會對關係造成破壞。

如果你感到煩惱或痛苦，一定是有的人、有的事、有的地方不盡如你的意，或者你想用自己的方式改變他們卻沒有「得逞」。而且，你堅持得越久，痛苦就越深。你用以往的方式，只會重複以往的結果。

最初雙方投射彼此的期待，不被滿足後，接下來投射的就是彼此的挫敗。

一對「八年級」夫妻找我諮商，丈夫抱怨妻子情緒暴躁，經常出去玩，在家的時間太少，對孩子沒有耐心，陪伴不夠；妻子抱怨丈夫太軟弱，動不動就離家出走，木訥、呆板、不懂風情浪漫。

我分別問他們，婚前看上對方些什麼，為什麼要和對方結婚。男方說：「她是校花啊！而且是學霸，能力又強。讀書時我成績不是很好，因此會自卑，能娶到她，我覺得很高興。」女生說：「他長得帥啊！而且人很善良，很會哄我開心，到現在也很善良，這一點我不否認。當時覺得他人很好，一定會好好愛我，所以就嫁給他啊！」

我請他們分別在紙上寫上自己心中理想伴侶的特質，他們分別寫了一串。我說：如果只能保留最重要的三個特質，需要刪去其他的，你們會做什麼決定？

做這個決定對他們來說是困難的，因為他們要面對內心理想伴侶的執念。他們要意識到沒有誰一出生就是為自己準備好的，**很多時候我們都是在修剪別人，讓對方符合我們自己的期待，卻從來沒有修剪過自己的期待**。

佛陀精闢地總結了人生修煉的方向：勤修戒定慧，熄滅貪嗔癡。「貪嗔癡慢疑」被稱為人生五毒，它們毒害一個人的心靈。「貪」不僅是物質上的貪婪，還有精神上的貪婪，就是對自己和他人的期待過多。一旦期待過多過高，無法滿足，而內心依然執著於這份期待，就有了嗔恨之心，抱怨對方，自己也感到挫敗，這就是佛陀稱的

「愚癡」的狀態：大家的眼光只停留在沒有滿足的期待上，演變成愛恨情仇的故事，卻拒絕去看到自己的「貪」。因為放下期待著實不易，需要內心的成長。也許在內心上演一場又一場兵荒馬亂的痛苦之後，痛定思痛，知止而後有定，定靜而後生慧，看穿關係中愚癡的遊戲，為自己做出智慧的選擇，一念之轉，化煩惱為菩提。沒有不能終結的痛苦，只有死不放手的執著，守本真心，本來如是。

有一個經典的故事，一對銀髮夫妻相愛到老，有人問老婆婆：「你丈夫有缺點嗎？」「有！多得就像天上的星星！」「那他優點多嗎？」「少得像天上的太陽。」「那你為什麼那麼愛他？」「因為太陽一出來，星星就不見了！」

小故事，卻是大智慧。當初相愛的時候，你看中的就是對方的某些特質讓你欣賞、心動，所以才決定牽手走進婚姻。但面對瑣碎的生活，我們卻產生越來越多的要求和期待，理所當然要對方滿足自己的期待，以此作為愛的籌碼，以至於相愛相殺，那就只能終日生活在漫天星星的黑夜裡。只有讓太陽出來，光明才會來臨，我們才能與幸福相擁。

突破親密關係的困境，終是要回到自己，看到自己是完整圓滿的，才能看到對方亦完整圓滿。

高期待往往源自小時候有太多沒有滿足的心理需求，於是把對父母的需求投射到伴侶身上，希望對方為自己的幸福快樂負責。心理學稱之為「補洞」。這種投射現象讓人會對人對事產生扭曲的認知和判斷。所以，放下期待索取的終極解決之道就是看到我本是圓滿完整的，不需要對方滿足自己，我能照顧好自己，我就是圓滿獨立自由的存在。

探索練習

小時候你有哪些沒有被滿足的期待？

你有多少美好的願望想實現還沒有實現？你如何面對這些遺憾？

你有爲實現哪些願望而努力？

又有哪些心願因爲努力爭取得以實現？因此你產生了什麼信念？

以上這些對你的婚姻觀、戀愛觀帶來什麼影響？

3. 成熟的心智：只是愛，沒有期待

在你沒有學會愛自己且不懂得什麼是愛之前，都不會遇見真實的愛情。你遇見的都是愛的匱乏和心理需要，與愛情無關。

我們越想得到的時候，往往會越加控制。心理治療師海靈格說：**「幸福的家庭，都有一個共同點：家裡沒有控制欲很強的人。」**在中國的家庭中，九十%以上的家庭矛盾，都是因為沒有邊界感，想控制對方而起的。在關係中，無論是要對方對自己負責，還是持續為對方負責，都是越界的。

真相是，沒有一個生命能夠為另一個生命負責。

完形治療之父波爾斯說過：「我來到這個世界，不是來滿足他人的期望的，也不覺得這個世界必須要滿足我的期望。」

佛陀在乞食時被一個人辱罵，佛陀在旁邊不動聲色聽他罵，等他罵完後，佛陀就對他說：「如果你送一個人禮物，但是對方對這個禮物不喜歡，你會怎麼做呢？」那

個人回答：「當然是拿回來了。」佛陀又問：「那這個禮物屬於誰的呢？」那人說：「既然我拿回來，那肯定是我的。」於是佛陀就說：「今天你送給我的禮物，我沒有接受。我把你的禮物還給你。」

成熟的心智知道要爲自己的行爲、情緒及期待負責任。反之，讓別人為自己負責是不成熟的表現。同樣，我們也沒必要背負太多不屬於自己的包袱，守住界限，交還那些來自別人的期待。

但現實中，面對別人的情緒，很多人會被捲入。真相是：**情緒發生在誰身上就屬於誰。如果是我體驗到了痛苦、憤怒、悲傷，那情緒就屬於我而不屬於別人，所以負責的也只能是自己，著手去改變的也只能是自己。**

「對你的愛沒有期待，我愛你與你無關」，如果你對別人好是為了得到回饋，那麼不管你怎麼努力經營，關係遲早會出問題。如果你只是愛，沒有期待，那麼一切就會美妙無比。

探索練習

探索開篇的問題，你的關係裡面包含了哪些期待？

你對自己有哪些期待？

你對對方有哪些期待？

對方對你又有哪些期待呢？

你是否願意對屬於自己的情緒及期待負起責任？

4. 病毒信念：製造出情感病毒

是什麼讓我們不幸福？是我們對世界的定義。

是什麼讓我們為世界下定義？是我們的信念。

是什麼創造了我們的信念？是我們成長過程中所經歷的一切帶給我們的訊息。

我們和伴侶的關係是一面鏡子的關係。我們所思所想的種子正在成為我們未來的「果實」。不要小看我們的每個念頭和語言，它們都會創造我們的未來。

當我們能真正意識到現實是由自己創造的，我們就會為現實負起百分百的責任，不會抱怨別人。當我們內在擁有寧靜美好的狀態時，我們將發現生活也是寧靜美好的。如果你堅持相信自己不夠好、很笨、內心孤獨又沒有人愛，那麼，你的生活就會出現孤獨無依的狀態——因為你已經把自己藏起來很久了，太陽自然無法照到你。

患了乳腺癌的小雅找我做諮商。她一直陷入自己的世界裡喋喋不休地哭訴：「我的丈夫長不大，每天回家就對著電腦玩遊戲，我要把飯端到他的面前，他連吃飯都要對著電腦，我太累了，但是沒辦法，我不做不行啊……」這個劇本聽起來是挺苦的。

我連問了她幾遍：「這是真的嗎？你確定這是真的嗎？」

她絲毫沒有暫停過思維，只會繼續喋喋不休地加以證明：「是真的。你不知道，我連生病了也要做飯，沒辦法啊，不做不行啊……」

我聽出她有很多委屈，而且聲音就像個小孩。我便好奇地問她：「我聽到你有很多委屈和無奈。你從什麼時候開始有委屈的？小時候有委屈嗎？」

她眼眶一紅：「小時候媽媽很不喜歡我，經常打我，家事都是我做，但她還是不滿意，還是要打我……甚至有時還一腳把我踢開……」她幾度哭泣，但很快又收住了。

我問她：「媽媽打你的時候，你哭嗎？」

「我不敢哭，哭了她會打得更兇。家裡其他人也不會幫我。」

「所以你是怎麼想的？」

「沒辦法，只有這樣。媽媽不愛我……」她委屈地重複著這句話。

我說：「所以，你會覺得自己是個好女兒嗎？」

她一邊哭一邊搖頭。

我們不難看出，小雅的童年經歷形成了一些核心信念：我不夠好。我不能表達自己的情緒。我不配有人愛。我沒有辦法，我不得不討好別人。

確實，我們從年幼時的經歷中學習著如何看待自己，如何看待生活，不經意間形成了我們的信念和價值觀。這些信念深藏在潛意識裡面，令人難以覺察，它們像呼吸一樣，影響著我們每天的生活。很多時候，我們會誤解信念就是事實。就像這位女士，她認為沒辦法，認定不做不行，因為她不做就會被打的印記實在太深了。

我們人類有三個很有破壞性的限制性信念——做不到！沒辦法！我不配！我們或多或少、或深或淺會有這些病毒性信念。

一、做不到（無助）——別人做得到，我做不到，找藉口和理由逃避。

二、沒辦法（無望）——不相信有人可以做到，找藉口和理由放棄。

三、我不配（無價值）——不值得擁有、無資格，依賴外界給自己評價，而不是自我認同，價值體系並不屬於自己，擔心失去更多。

小雅的無助感、無望感和無價值感像病毒一般深入骨髓，導致她總是擔心丈夫嫌棄她，擔心丈夫看到她不夠好，她用多年的壓抑和受苦來保護自己千瘡百孔的自尊。我們在之後的對話中還發現，她的潛意識其實是希望透過自己生病來獲得家人的關注和愛，只要媽媽能改變對她的態度，丈夫能關愛她，她死也值了。幸運的是，她最後終於醒悟：如果連自己都不愛自己，別人也無法愛她，要別人愛，首先要學會自己愛自己。

所以，**每個困境的背後都有一個限制性信念在發揮作用！**這對於很多人而言是一個震驚的發現。因為一些兒時的深刻信念讓我們信以為真，我們無法放過自己，不斷以他人的眼光看我們自己，並演繹著「自欺欺人被人欺」的故事：它可能會發生在分手或離婚的時候；它可能會發生在當你覺得自己做錯事的時候；它也可能發生在有人對你出言不遜，讓你感到被冒犯的時候；又或者看到你的愛人對某人的關注勝過對你的時候；它也可能會發生在你喜歡的人沒有跟你打招呼的時候。當你越在意別人對你的「尊重」時，留意你內在的安全感和自我價值是高還是低？

這種「自我懷疑——證明做不好——徹底否定自己」的惡性循環會一次次地重演，讓你甚至連面對好機會和幸福都害怕。這是普遍存在的現象，它或多或少地影響每個人。

覺察一下，你的人生當中是不是也有一些這樣的信念在影響著你？

有一位非常精進的朋友曾這樣分享自己的發現：

在日常生活的關係中，我內在的愛（無條件的愛）出不來，無法感知到內在真正的平靜，原因是我一直就是想讓自己變得更有用。

讓自己變得更有用，似乎對我來說是最重要的。我其實是害怕自己不幫助他人，我就會覺得自己沒用。而當我覺得自己沒用的時候，我就很抓狂，所以我必須讓自己變得更有用，所以一直就封閉自己的心。

我不停地精進、努力、忙忙碌碌地行動。但我好像整個生命都被鎖住了。如果沒有得到有用的回饋，沒有得到別人的欣賞、鼓勵、讚嘆，我就會覺得自己沒用。

所以我的愛也是有條件的，我愛的底層，也是充滿著焦慮、恐懼、惶恐。我似乎本末倒置了：我一直認為「有用要比有愛更重要」，其實不然，「有愛比有用更重要」。

對這位朋友而言，這是一個巨大的發現。因為當潛意識裡沒有那個「我沒有用」的病毒信念的負擔，他就不會被他人的言行所影響。他可以告訴自己「既然發生，那面對就是了」，或者「那很正常」，又或者「那反映了一些他們自身的情況，而不是我的」。

探索練習

在關係裡是否有無助、無望、無價值（不配得）的病毒信念在限制你呢？嘗試去找到更多的可能性。這將有助於提升你的覺察力和鬆動舊有的病毒性信念。

5. 完美主義：追求完美＝追求完蛋

當我真正開始愛自己，
我才認識到，所有的痛苦和情感的折磨，
都只是提醒我：活著，不要違背自己的本心。
今天我明白了，這叫作「真實」。
當我真正開始愛自己，
我才懂得，把自己的願望強加於人，
是多麼地無禮。
就算我知道，時機並不成熟，
那人也還沒有做好準備，
就算那個人就是我自己。
今天我明白了，這叫作「尊重」。

⋯⋯⋯⋯

當我開始真正愛自己，
我不再繼續沉溺於過去，
也不再為明天而憂慮，
現在我只活在一切正在發生的當下。
今天，我活在此時此地，
如此日復一日，這就叫「完美」。

——查理．卓別林

有一則印度寓言：有一個愛民如子的國王，他覺得人一生中最重要的事情是有一張好床睡個好覺。於是他打算用大量的黃金，打造一張黃金床，床上要鑲滿名貴珠寶。這張床如此珍貴，所以國王要確立一個合乎全國人民尺寸的標準長度，以便可以輪番犒勞他的臣民。於是大臣們量了全國所有成年人的身高，再除以全國成年人口的總數，得到了全國成年人口身高的平均值。按照這個平均值，國王打造了這張床。每天晚上，國王一定要請一名大臣或百姓睡這張名貴的床。如果他太高，躺不下，國王就會讓一個刀斧手量量這個人的身高，然後用斧頭砍去多餘的長度，好讓他能剛好躺在床上。假如躺下的人身高不夠，國王也會叫出兩個大力士，一個人拉住他的肩膀，另一個人拉住他的雙腳，用力向外拉，將這個人剛好拉到這張床的長度。一定要讓躺在床上的人符合床的長度。因此，全國臣民聞風喪膽，紛紛逃離這個國家。而國王也因此百思不得其解，終日鬱鬱寡歡。

看到這裡，你會用什麼詞形容這位國王呢？

可能大家會說：太殘忍了！暴君！自以為是！不可理喻！神經病！……

完美主義者心中都有一張如此珍貴而又標準的床。你是否會以自己心中「黃金床」的標準要求和改造自己的伴侶？

如果是，那我們對這國王的感覺和形容，都可以加在自己身上。

心理學家榮格說：**「對於普通人來說，一生最重要的功課就是，學會接受不完美的自己。」追求完美的完美主義者身上都有很多「應該」的完美哲學。**我經常半開玩笑地對我的學生說，**追求完美是一種病，因爲追求完美的結果就是追求完蛋**。

小時候，大人對我們的批評和評判讓我們形成了「我比別人差」的概念，完美主義者的深層動機是在努力證明「我要比別人好」。一旦出現問題，他們馬上就會被焦慮帶走，那個「我比別人差」的自責的聲音又在作祟。試想一下，你的心本身就因為別人的言行受到了傷害，然而你還要再繼續讓自己「比」下去，等於讓自己承受了雙倍的傷害。

當我們總是期待比別人好的時候，這個「比」就變成兩把匕首，一把傷害自己，另一把傷害別人。在這個世界上，沒有人是完美的。每個人都是獨一無二的個體，在這個世界上都扮演著獨特的角色。試想一下，如果世界上每個人都很相似，那該多乏味啊？

其實，你和我都曾經犯過錯，如果我們還在懲罰自己，那懲罰將成為習慣，讓我們不能釋放，也不能找到積極的解決辦法。

有這樣一種現象：丈夫在外面有了外遇，外遇對象的年齡比妻子大，長相也比妻子醜，能力、學歷也不如妻子。妻子不明白為什麼丈夫願意和這樣的人在一起？也有不少父母有這樣的懊惱：我這麼努力，這麼付出，為什麼我的孩子卻如此叛逆，甚至拒絕和我說話呢？

完美主義者最難接受的真相是：自己的完美哲學把摯愛的人推開。因為當焦點只落在「完美」上的時候，我們的搜尋引擎就很容易落在那些「不順眼」或「做得不夠好」的地方，繼續證明「不夠好」，想想伴侶該有多挫敗。完美主義者有著世界上最多的標準、最高的標準，這些標準形成了一個個的「應該」和「必須」，他們過分的嚴肅和疲憊不堪讓人無法靠近。

《傅雷家書》裡有一段傅雷和傅聰聊婚姻關係的話：「幻想多了未免不切實際，能幹的管家太太又覺得俗氣，只有長處沒有短處的人在哪兒呢？世界上究竟有沒有十全十美的人或事物呢？撫躬自問，自己又完美到什麼程度呢？」

追求完美讓我們無法活在當下，無法看到伴侶眞正的樣子，更無法欣賞和感恩當下我們所擁有的一切。所以追求完美者，會用非常苛刻的態度去評判和要求自己和身邊的人。追求完美的人，往往他身邊的人也會很受罪，那種苛刻會令他們窒息，令他們想擺脫，希望去呼吸一口新鮮的空氣。

曾經讀過這麼一句話：你不可能經由一個沒有喜悅的旅程，而達到一個喜悅的終點。不管此刻在人世間，你追求的是什麼，希望你能記住這句話：**在過程中保持喜悅的心。如此，你心所嚮往的東西，就會毫不費力地來到你的生命中。**

對完美主義者最好的一帖藥，可能是幽默和寬恕。承認**不完美是完美人生的一部分，完美的人生從當下不完美的人性開始。**在不完美的逆境中活出完美的人生，逆境是成長心智的煉金石。正如泰國的禪修大師阿姜查所說：**如果沒有痛哭過許多次，修煉就還沒有真正地開始。**

越是自身條件不錯的人，越是憧憬並追求完美的愛情。有些人為追求真愛不惜賠上巨大的代價，比如美好的年華或半生奮鬥得來的江山。或許，在某些人看來，這是執迷不悟，但對他們而言，愛情絕對是苛刻的，而不是湊合的，更不是隨便的。

但談戀愛如孩子學步，要求一個人沒有跌倒過就會走路，那顯然是不可能的。一個人一生中最寶貴的經歷是在錯誤中成長。對完美主義者來說，**放下完美的執念，允許自己適當地冒險和嘗試是最重要的功課。**

探索練習

你是完美主義者嗎？檢查一下，你在關係裡有多少「應該」或「必須」的限制性規則？如果有，請寫下幾句說的頻率最多的話，並從第三者的角度感受一下。

6. 自我中心主義：改造對方，成就不出幸福的婚姻

一段幸福的婚姻裡，彼此是可以呼吸自由空氣的。所以，除了必要的底線和界限外，我們可以把令人窒息的「應該」變成有一點點自由的「可以」。你可以試試把下面例子中的「應該」換成「可以／願意」，從接收者的角度感覺有什麼不同？

「你應該早點來接我！」

「情人節應該送花給我！」

「你應該說話客氣點！」

我們會發現，當我們聽到有人向我們發出「你應該……」的命令時（對，這是一個命令式的句子），我們會本能地產生抵觸，因為裡面包含了要求和指責的成分，一個人無法控制另外一個人，除非對方心甘情願地改變。

你也可以嘗試把「應該」、「要求」變成帶著尊重的「你可以／願意……嗎？」，比如：「你可以／願意早點來接我嗎？」這會給對方留出更多的空間和更加

彈性的選擇餘地，因此大大增加了表達者的親和力。**親和力是有效溝通的前提。抗拒是親和力缺乏的訊號。**

同樣，我們在選擇伴侶的時候，「他應該像誰誰一樣……」會嚴重限制我們的選擇，也會令接收者感到挫敗和自卑。生活告訴我們，人無完人，感情也一樣，世上並沒有完美的愛情。**兩性關係是爲了讓生命更完整，而非更完美。**

想一想，你希望理想的伴侶身上有哪些特質？然後，做刪減法，保留哪幾點是你非要不可的特質，其餘的部分你是否願意接納？如果願意，告訴對方「你這樣是可以的」。你可以用這一種方法，尋找那個擁有這些特質但不完美的人，然後去欣賞他擁有的美好特質，接受彼此的不完美，讓彼此變得更完整。

有一位老人對一對新婚的年輕人說：「要知道，你們是兩個獨立的個體，你們是兩個不同的人，都有缺點，偶爾做錯點事非常正常，**如果你們都非常完美，沒有摩擦，婚姻就有可能在波瀾不驚中死亡。**」

感情的經歷裡，除了獲得愛和被愛的體驗外，還有一個重要的意義是透過摩擦發現未知的自己，不斷完善自我。摩擦中，**用一隻眼睛看對方就夠了，另一隻眼睛多看**

看自己。透過伴侶認識自己、完善自己，我們才能開始接受和擁抱完整的自己，**在這個人性完整的基礎上，我們才會無條件接納不完美的完整伴侶**。所以這是一個非常喜悅的成長旅程。

眞正成熟的男人和女人都會爲自己負起所有的責任，同時願意信任和支持對方生命的成長，愛不忘其缺，惱不忘其善，在不完美中體驗完整的人生。

探索練習

嘗試把上一篇寫的話變成帶著尊重的「你可以／願意……嗎？」讀一讀，是否更有親和感？

7. 性冷淡：本質上是性壓抑

在中國的集體潛意識裡，性代表羞恥，在很多家庭裡是一個禁忌的話題。中國的男孩和女孩在成長的過程中都嚴重缺乏來自家庭的性教育，所以，性被蒙上了神祕、羞恥、骯髒的色彩。

二〇一四年的一項調查顯示，在中國，約有四．九％的已婚男性和六．五％的已婚女性在過去一年中沒有發生過任何性行為。人們越來越常談論它，根據Google的統計，「無性婚姻」已經成為人們對婚姻的首要抱怨，每個月都有兩萬一千人在搜尋無性婚姻，搜尋次數遠遠超過了「不開心的婚姻」和「無愛婚姻」。一年做愛次數不超過十次的便可定義為「無性婚姻」。二〇〇九年，中國人民大學性社會學研究所潘綏銘教授的調查顯示，中國夫妻中，無性婚姻占比為二十五％。

最常見的無性婚姻的原因：丈夫是「直男癌」，妻子是「直女癌」，沒有前戲，沒有後戲，更沒有交流，男人直奔主題，女人卻羞於啟齒，雙方就像是國標舞的舞伴，跳了十幾年，還會互相踩腳。

我也見過個別特別恩愛的夫妻，他們是無性婚姻。他們在關係開始的時候，就已經有「無性體質」了，他們雙方都沒有做愛的興趣。性在他們的關係中，沒那麼重要，而其他方面都相處得很和諧。他們會擁抱，會親吻彼此的臉和額頭，會徹夜長談，無論走到哪裡都像連體嬰一樣手牽手。這樣的婚姻，往往是超穩定型的，在朋友之中，算是神仙眷侶。

在別的夫妻們為生小孩、性、學區房爭論不休的時候，他們可以享受安靜的二人世界，或者就算他們生了小孩，也只是履行社會的義務。

而性生活出現問題的關係裡，往往會看到一個「濫情」的丈夫和一個像「石女」一樣的妻子，或者相反：一個對性刺激有強烈渴望的女人和一個像「木頭」一樣的男人。他們一方欲望過度旺盛，一方欲望過度淡薄。

本質上兩者都是性壓抑。所謂性壓抑，就是我們不能接受自己的欲望。就像是孩子不接受父母管教，會有兩種表現：一是被馴服了，乖乖聽話，但代價是失去了自我；另一種就是叛逆，處處作對，但代價也是失去自我。

一個人在性方面過度迴避和過度索求無度，其實都是在防禦真正的親密感。真正的親密感發生在人和人之間。而性壓抑則忽略人性的情感需求，要嘛把自己不當人看，要嘛把對方不當人看。有些男人從婚前就開始出軌，他的情感中從來就沒有過專一這個詞。有些女人身邊總是有很多曖昧對象，她總是不能有一個清晰的關係。

他們的內心永遠有一個地下室，不對任何人開放。

很多夫妻找我諮商，就是因為雙方在性生活方面無論如何都無法和諧。他們都渴望真正的性愛生活，可就是力不從心，彷彿命運和他們作對一樣，別人輕易享受的性體驗，對他們來說卻比登天還難。他們彷彿是永遠無法配合好的舞伴。

性問題永遠不是性問題，而是心理上的陰影被投射到了性上。如果陰影投射到事業上，就會出現事業的問題；如果投射到孩子身上，就會出現親子問題；如果投射在性方面，性就是一個無解之謎。

解決性的問題，有兩個選擇：

一、逃避轉移。

二、面對轉化。

大多數人遇到問題都會毫不猶豫選擇第一種方式，只有在無路可走的時候，才會使用第二種。

什麼叫逃避轉移？

比如夫妻結婚十年，妻子會說，我有婦科疾病，沒辦法做愛；或者說現在要忙著帶小孩，我去小孩房間睡。丈夫會說，現在太累，我身體也沒以前那麼好了，我們就免了這個「活動」。

聽起來是不是很合理？

我們大多數的時間都用於自欺欺人，只有這樣，我們才能在大部分時間裡，覺得自己活得還可以。直到病入膏肓。

晴晴長得很漂亮，雖然已經是兩個孩子的媽媽，但身材依然很好。然而，她在性方面表現很冷淡，丈夫為此感到很失望。當婚姻亮起紅燈後，她來找我做了諮商。

透過瞭解，晴晴從小是外婆帶大的，上小學的時候，被帶回父母家。對她來說，這是一個非常大的分離創傷，雖然她有父母，對父母卻沒有什麼情感，她不得不一個人面對所有的痛苦。她只能假裝一切痛苦不存在，假裝自己是個開心、懂事的孩子。為了活下去，她關閉了「依戀世界」的大門。

剛結婚的時候，丈夫可以給她依戀感，但自從有了孩子，不知不覺就忽略了丈夫，因為對她來說，孩子更能滿足她回歸到依戀世界的需求。

她可以把自己的孩子當成自己來愛，看到孩子眼中的滿足，她童年的痛苦可以被療癒。所以在晴晴心中，性不是最重要的，療癒童年的依戀創傷才是最重要的。直到突然有一天，丈夫提出離婚，她才開始重視。

很多女人生完孩子後就把注意力全部放在孩子身上，在她們眼中，丈夫就像空氣一樣。最常見的原因是，因為童年留下的「坑洞」，她們走進婚姻時還不是一個真正成熟的女人。這些女人內心都有一個完形的渴望，那就是把自己沒過完的童年重新完美地過一遍。

晴晴的無性婚姻緣於依戀的創傷，而小玉卻是緣於欲望的創傷。在小玉的家庭中，唯一能談得上愛她的人就是她的父親。可是父親在母親眼裡卻是一個花花公子，一個渣男。對父親，她愛恨糾結，如果和父親在一起，她就背叛了母親；如果和母親在一起，她就失去了人生最重要的愛。所以，她的人生一直生活在自相矛盾之中，因為她被卡在中間，於是她找到的男人也是如此，就像是她的父親那樣，充滿了欲望，卻不能彼此滿足。

如果遭遇這兩種傷害，就很難在性方面真正地滿足和享受。但是，改變這種情況是有可能的。當真正準備好的時候，做一個深度的個案諮商療癒，因為真正解決問題的方式，就是把光照到你那黑暗的地下室裡，那裡有著你生命所有的缺失，所有需要回歸的一切。

探索練習

你是否曾和伴侶交流過性體驗？如果沒有，那你是否願意嘗試著做一些突破？另外，倘若有性冷淡的現象，不要逃避，勇敢地去面對——探索和突破。

第三章

衝突背後的眞相：衝突不是問題，應對方式才是問題

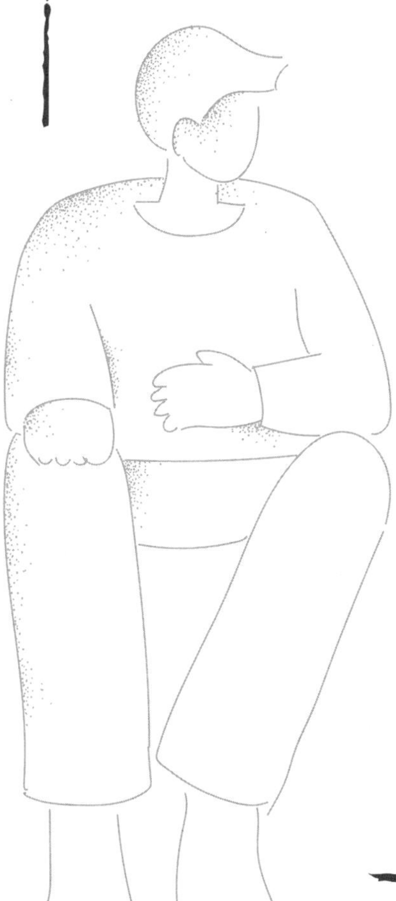

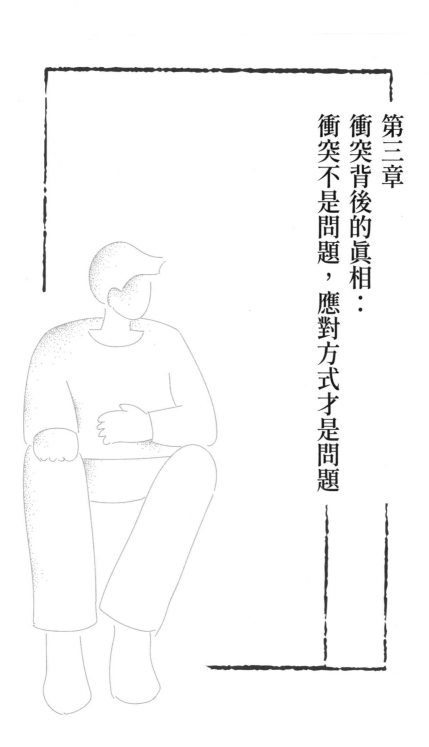

當我開始真正愛自己，
我明白，我的思慮使我變得貧乏和病態，
但當我喚起了心靈的力量，
理智就變成了一個重要的夥伴。
這種組合我稱之為「心的智慧」。

我們無須再害怕自己和他人的分歧，
矛盾和問題，因為即使星星有時也會碰在一起，
形成嶄新的世界。
今天我明白，這就是「生命」！

——查理．卓別林

正如前文所說，一段親密關係的發展，大致會經歷五個階段：浪漫期、權力爭鬥期、穩定期、承諾期和共同創造期。只有經歷這些階段，才有可能會修成正果。顯然最具挑戰的就是權力爭鬥期，分歧、矛盾、爭吵甚至冷戰，各種各樣的衝突讓婚姻蒙上陰影，困擾著很多家庭，一不小心就會使關係破裂。

美國一家做婚姻治療的機構，五年跟蹤一千對夫妻做了一份調查報告，重點總結了兩點：如果夫妻要幸福地白頭偕老，就需要**培養出處理衝突的能力和發展出友情**。

下面我們就來探究一下衝突背後的真相，使衝突成為我們瞭解彼此、增進感情的機會，而不是破壞感情的方式。

1. 表面「都滿好」，實則缺乏情感連結

「和」是華人社會和家庭的核心價值觀，所以衝突對於絕大多數家庭來說，是一個大忌。加上華人講究面子，所以有著家醜不可外揚的傳統文化。《都挺好》這部電視劇就是最深刻的反映。所以中國式的婚姻，普遍都是能忍就忍，很多人把雙方忍耐理解為「和諧」的唯一手段，哪怕相敬如「冰」，也總比衝突要好。其實大家如此壓抑的原因是不知道該怎麼處理衝突，擔心越衝突越糟糕，關係就會一發不可收拾。

二〇一六年，小艾因為小孩教育的問題來學習課程。她最開始一直堅信自己的原生家庭「都滿好」的，因為父母很少有衝突，雖然家境不算富裕，難免會有生活壓力，但從不覺得父母給自己的愛欠缺或者匱乏，比起那些充滿爭吵的家庭，她覺得自己是一個幸運的人。可是她的婚姻生活並不如意。她覺得自己的婚姻缺少愛和溫度，丈夫和自己都偏理性，夫妻關係與別人相比較為冷淡。這次她來上課，並沒有進一步

深入諮商的訴求，課後也沒再找過我。

「冷婚姻」不是一朝形成的，出現冷淡其實表明婚姻已經病入膏肓。這種「冷婚姻」的本質在於夫妻雙方在相處中自我掩蓋或壓抑了很多情緒，導致兩個人無法走進彼此的內心。美國著名婚戀心理學家約翰．高特曼發現，夫妻之間發生衝突的時候，雙方有可能都以負面的形式進行互動。戈特曼把這些負面的互動方式稱為四大殺手，按出現的順序分別為：指責、輕蔑、防衛、冷淡。這些負面因素一旦失控，對夫妻關係會造成毀滅性打擊。

如果夫妻間的爭論以指責開始，繼而指責和輕蔑使爭論出現防衛，最後一方宣布退出爭論，這意味著第四號「殺手」已經出現。正常情況下，兩個人交談是有回應的，比如點頭、目光連結、語言回應等。但冷淡的一方是沒有任何回應的，就算聽到，也是一副漠不關心的樣子。冷淡是一種迴避，避免正面衝突，同時也就等於逃避了自己的婚姻，變成一個冷淡的人。

二〇一九年，小艾的婚姻面臨破裂，工作和家庭的壓力令她身心疲憊，身體處於嚴重的亞健康狀態。她再次來到我這裡尋求幫助。我為她安排了深度的個案輔導。

在輔導中逐漸發現，小艾意識上堅信自己在有愛的環境中長大，而她的潛意識卻告訴我：她一直存在愛的缺失。她講述了自己的一段早期記憶：「我小時候很活潑，也很愛哭。因為弟弟是違反計劃生育政策的「超生孩子」，我經常被帶到不熟悉的地方去住，這時候因為要離開媽媽，我就會大哭。每次媽媽都會說『哭什麼哭，有什麼好哭的』，我就努力忍住。」

這個記憶可以捕捉到小艾所形成的信念：哭是不好的，是媽媽不喜歡的。這樣的早期信念導致她在成長中努力壓抑自己的情緒，讓自己成為一個「不愛哭」、「不能動情緒」的人。

她還提到自己的另一段早期記憶：「我記得自己很小就學會了煮菜做飯，每天拖地打掃屋子，成績也比哥哥弟弟要好，但是媽媽從沒有誇過我，甚至還會打擊我。每當這時候，我都希望爸爸可以保護我，可是爸爸身體不好、經常喝酒，他從不會為我出頭。」

小時候的小艾很渴望母親看見自己的努力，看見自己的價值，卻一直沒有得到回應，而且父親的軟弱也給予不了自己想要的保護。這導致她一直渴望父母的愛，卻一直被辜負。她的記憶中搜尋不到父母很親密的畫面，也找不到自己在父母面前撒過嬌的畫面。我請她回憶家庭中發生過的大衝突，她說：我們家聚在一起的時候，會有一種各管各的感覺，所以也回想不起有大的衝突。

輔導中，我請小艾用木偶當作代表，擺出彼此的距離。小艾原生家庭的每個代表距離都很遠，她回想當初自己不開心的時候，她會半個月不說話，家人也不會注意到她不開心。

這就是這個家庭的問題所在：表面「都滿好」，實則缺乏情感連結。每個人活得都很壓抑，心的距離很遠。這也就是為什麼小艾說自己不開心的時候可以半個月不說話。因為她的家人和她都活成了一座座孤島。

一個人在原生家庭裡的互動方式，會影響到他長大後與人的溝通能力，特別是親密關係裡的溝通能力。不是表面的打招呼，而是內心情感的連結。小艾在情感溝通方面的缺失使她無法很輕鬆地與同樣壓抑的丈夫相處。想要解決她的壓抑情緒，根源還是要打開她潛意識的心結。在個案諮商的過程中，我引導她去把自己對父母的怨恨和委屈表達出來。

她對母親的代表說：「我希望你更溫柔一點。你不要再否認我了！為什麼要一直這樣否認？為什麼？你為什麼一直否認我？我已經夠乖了，我做了那麼多的事情，為什麼就不能誇誇我？你不誇我也不至於這樣打擊我。」委屈的眼淚唰唰從她眼裡流了下來。

然後淚眼矇矓地轉頭看著爸爸的代表：「喝酒對身體不好，你為什麼老是喝酒？如果你身體好一些，起碼你可以保護我，這樣我也不會那麼無助。」

小艾原生家庭這種「相敬如冰」的模式雖然看似沒有衝突，但事實上是暗潮湧動。自己從小就沒學會用正確的方式來面對衝突，導致自己進入婚姻時，還是一個含著奶嘴、不懂如何處理情緒的孩子。

余秋雨寫的〈你不懂我，我不怪你〉相信看哭了無數人：

每個人都有一個死角，

自己走不出來，別人也闖不進去。
我把最深沉的祕密放在那裡。
你不懂我，我不怪你。
每個人都有一道傷口，
或深或淺，蓋上布，以為不存在。
我把最殷紅的鮮血塗在那裡。
你不懂我，我不怪你。
每個人都有一場愛戀，
用心、用情、用力，感動也感傷。
我把最炙熱的心情藏在那裡。
你不懂我，我不怪你。
每個人都有一行眼淚，
喝下冰冷的水，醞釀成的熱淚。
我把最心酸的委屈匯在那裡。

你不懂我，我不怪你。

每個人都有一段告白，

忐忑、不安，卻飽含真心和勇氣。

我把最抒情的語言用在那裡。

你不懂我，我不怪你。

這首詩讀來孤單、痛苦、無奈又悲涼。「一路走來，你不曾懂我，我亦不曾怪你。」

長期缺乏內心真實的交流而失去了愛的流動，如同一個外表好看的蘋果，切開裡面可能已經是又黑又爛，發現的時候已經隨手可棄了。

探索練習

你是怎麼看待衝突的？衝突中有出現「指責、輕蔑、防衛、冷淡」這些傷害嗎？你們有多久沒有很用心地交流過了？

2. 壓抑的「老好人」，喪失面對衝突的能力

著名作家阿瑟．黑利說的一段話發人深思：「假如有一對夫妻告訴我，他們結婚多年從未有過衝突，那是他們在說假話，要嘛他們的婚後生活極度單調乏味，或者其中一方完全受另一方的擺布。」

習慣性壓抑的「老好人」，衝突對他們來說，需要很大的勇氣。甚至有些人已經**習慣了用壓抑獲得安全感，從而喪失了與人衝突的能力**，除非他們退讓到忍無可忍的底線，才會歇斯底里地爆發。

要探索自己在情感上的遲鈍、不夠敏銳，一般有兩個基本的根源：第一是恐懼，第二是因為生存而壓抑自己的脆弱。如果我們曾經經歷過重大驚嚇，將感覺壓抑了下來，將會很難再去連結感覺。我一直認為，人脆弱的時候可以允許自己哭，不被尊重的時候可以生氣。但對於一些人來說，情緒彷彿被凍結。

有一個印象特別深刻的個案，案主是一位中年男性。第一次和他見面，印象最深的就是他拘謹的笑容和說話時如鯁在喉令人難受的感覺。他的妻子是一位性格開朗、做事爽快的職業女性。妻子抱怨丈夫雖然在家什麼都幹，但就是不懂溝通。當妻子想和他溝通問題時，他還是沉默是金，不予回應，讓妻子無奈而抓狂。

後來，透過瞭解，這個男人很小便肩負起照顧臥病在床的母親，父親在家很少說話，而且在外已經有了另外的女人。作為孩子的他，情感沒有得到滿足，面對生活只能默默忍受。慢慢地，這種壓抑變成了習慣。經過深入探索，他發現自己表面上是隱忍的一方，卻會無意識地使用被動攻擊，如拖延、冷漠、無故遺忘等，直至最後把對方激怒。

這是一個重要的發現。因為壓抑的人內心都很善良，當他知道原來這樣隱忍的後果是破壞關係的時候，他才會有轉變的可能。

我邀請他把過去多年藏在心裡的對妻子的抱怨和憤怒統統表達出來，過程中他多次想放棄，但在我反覆鼓勵下，他終於把心裡壓抑的情緒表達出來。結束後，他整張臉都舒展開了，並充滿了生命力。

不為難別人，也不委屈自己，我們都有能力做到。那些沒有被直接表達出來的情緒，會轉化為「隱形攻擊」。然而，要讓壓抑已成習慣的人表達情緒實在是太難了！他們人生最大的問題，就是每個委屈的瞬間，都很難理直氣壯地說出來！如同一個人被鎖在囚籠裡很久，哪怕打開囚籠，他依然覺得自己不自由。如果我們有了壓抑的習慣，我們很難在不需要壓抑的時候收放自如。

探索練習

面對衝突，你有壓抑自己嗎？如果有，你是否打算做一些調整或突破？下面的內容將會帶給你一些溝通方法，更好地突破溝通的障礙。

3. 忽視問題本質，造就「追逐——逃避」的惡性循環

我們每個人在親密關係中都會有一種習慣性的、自動化的行為模式或溝通方式。回憶一下你和伴侶之間最近一次發生爭吵／矛盾的時候，你說了什麼，使用了怎樣的溝通態度？有沒有哪句話是你在發生衝突矛盾的時候最常說的？有沒有哪種表述是你在和閨密／兄弟吐槽抱怨的時候最常使用的？那句話，並不一定代表對方亟待改正的問題，反過來，有可能恰恰表明了你在親密關係的衝突中自己真實的反應。

「你想怎樣告訴我，我都可以改，我委屈一點沒什麼，只要我們之間好好的……」——壓抑的老好人

「我都是為了你好，你為什麼就不能聽我的，按照我說的做呢！」——企圖掌握控制的指責

「事情總有對錯，我們還是就事論事，不要總是說不相干的事情。」——無視情緒感受的超級理智

「唉呀，以後再說吧，別想了，有新電影上映了，我們去逛街吧！」──自作聰明式的打岔轉移話題

我們以為這樣可以緩解緊張的關係。

關係親密的時候通常是美好的、安全的、幸福的，所以在我們的內心深處會期待這段關係能夠穩定而持久。因此，當我們和親密的伴侶發生矛盾的時候，都會產生挫折感，感到焦慮和壓力，不自覺地希望矛盾快點解決。這種盡快結束衝突的自動化反應與我們應對日常生活問題的理性是大腦中的兩條路徑，甚至比理性路徑更快出現在大腦中。因此，很多在工作和學習中遊刃有餘的人，在處理親密關係中的矛盾時，依舊顯得笨拙、無措，陷入自動化的不理性反應中，忽視了矛盾與問題的本質。

可能很多人看到這裡會疑惑，其實我和伴侶之間的衝突矛盾本來都是生活中的小事和瑣事呀，比如小孩的教育、家事的分配，有時甚至都稱不上矛盾，只是拌嘴，比如今天的衣服配飾適不適合，拖鞋的位置放得對不對，忘記紀念日感到委屈，等等。這些小事本就無關緊要，退一步忍一下就過去了。所以為了趕時間，大聲呵斥發洩一下，或者自己默默做了免得耽誤時間，或者用吃飯逛街轉移一下注意力，豈不是避免

矛盾激化的好方法？

然而，我們做出上述行為選擇的時候，我們的伴侶看到的只是掌控局面和逃避問題的身影，並且在衝突情緒激動時無法察覺到我們行為背後的原因，他們的情緒無處安放，問題也沒有解決，於是會繼續追上來。這個時候的局面往往是衝突疊加，壓力劇增，為了盡快緩解和脫離當前的焦慮情境，大多數人又一次選擇躲避……結果就是兩個人你追我躲，陷入「追逐——逃避」的循環之中。

我們都生活在環境和關係中，所以每個人的行為都離不開三個要素：自己、他人和環境。當人們在溝通的同時關注了自己的感受、他人的感受和當下所處的環境，這種溝通才是有效的，也是最舒暢、效率最高的。

但是現實中，由於慣有的溝通方式，或害怕衝突惡化，人們往往會忽略三個因素：

一、忽略自己的感受，將他人的感受和環境放在首位，會出現遷就、討好的行為。

二、忽略他人的感受和環境，將自己放在首位，就會固執己見、無禮和控制。

三、忽略自己和他人的感受，只把環境放在首位，那麼在溝通的時候只分析道理和事情的對錯，會顯得冷漠。

還有一種溝通習慣，人們會無視三個因素，呈現一種游離打岔的狀態。

在你和伴侶發生爭吵的時候，你是否有意無意地改變緊張的話題，總想避重就輕，覺得不要把事情想得那麼嚴重，經常說：

我也沒什麼想法，我也不知道如何做。

別想那麼多了，我們去吃東西吧。

我不說了不管了，你說吧，都由你做主！

或者根本不對視，手裡在玩著遊戲／做著家事／躺著坐著不動，心思總是飛到別處。或者對話的時候習慣東拉西扯，不想／不願／不知道怎樣表達自己的情緒和感受，也意識不到對方此時的情緒變化，在對方情緒激動的時候會故意講個笑話，轉移話題。面對對方指責自己時，回應卻詞不達意，沒有重點，做什麼都一副滿不在乎的樣子。這就是忽視了自己和他人的感受，無視環境的游離打岔狀態，也就是「逃避」。

可能會有人覺得，當伴侶十分生氣正在發脾氣的時候，講個笑話或者轉移話題哄一哄，是一個很聰明的技巧，是幽默特質，並不是逃避。採取這種方式能夠避免爭吵，畢竟兩個人相處，還是要和和氣氣最好。爭吵的時候、講道理的時候，難免會有某句話傷到對方，而且大多數伴侶之間的爭吵是沒有對錯的，也無法分辨對和錯，所以也爭不出什麼結果，不如乾脆離開這個問題，轉移一下。至於自己的想法和對方的想法，其實不重要，反正贏了也沒有獎品，反正關係還要繼續。這樣的方式不僅保護自己，也保護了對方，有時候也委婉地表達了不為難彼此、不想追究責任，以及委婉的拒絕。

儘管**這個想法和初衷看起來頗具策略，但是實際的情況卻並不樂觀**。畢竟這其中的想法是很難傳遞給對方的。如果你一直採取這個策略，那麼一定要讓你的伴侶知道這個策略背後的含義，這樣或許可以讓他理解你並稱讚你。然而現實中，大多引來的結果是對方更強烈的不滿。因為即使某次話題轉移很成功，但是問題卻依舊存在，雙方的情緒沒有得到有效的轉化，日積月累，小糾紛將變成大問題。小糾紛尚且找不到合適的解決法，何況大問題，最後反而引來更大的矛盾和更多理不清的糾結。

儘管逃避是一種自動化的溝通方式，隨著不同的壓力情境自動使用，但是也可以嘗試使用一些新的策略調整自己。在親密關係的溝通中，具體的表述可以拆分成三個部分：

一、認可對方對於這件事情的情緒感受：這件事情讓你很難過／你需要安慰／這對於你來說是很重要的決定，你很忐忑。

二、清晰表達自己的情緒感受：如果我是你也會很難過／我並不擅長安慰，所以現在不知道要做些什麼／我不能現在回應你，是因為我也在猶豫。

三、將注意力放在當前的環境：放下手中正在忙的事情，對視，將轉移的話題再轉回來。

換言之，和他在一起，不僅僅是空間層面的，更重要的是感受層面的連結和共情。

曾經在一次諮商中，與來訪者分享如何使用這樣的方法改變「追逐——逃避」的溝通模式。當事人疑惑道：「我在生活中不可能這樣說話呀！」其實這恰恰反映出**很多人在情感表達上存在著表達情感的障礙：講道理或者氣話脫口而出，但在觸及內心**

感受時卻如鯁在喉。

很多處於關係困擾中的人透過閱讀書籍或進行諮商都收效甚微，就是因為這樣的感受——有道理，但是我不可能這樣做。其實**改變的核心不在於「方法」，在於「用心」**：是否能放下盔甲，和柔軟的心在一起。這看似是改變溝通的方式，實際上是修煉內心的過程。

誠然，改變不是一件容易的事。但如果不邁出這一步，就無法打破原來「追逐——逃避」的循環，大家的心永遠無法連結在一起。而這個調整策略的核心就是讓我們重新關注被忽略的溝通系統：自己、他人和環境。用心去體會自己的情緒、對方的感受，以及認同這件事情在當前環境中的重要性。

這件事情並不容易。因為逃避的溝通行為背後隱藏了這樣的內心獨白：這裡根本沒有我說話的機會，沒有人在意我，打斷和轉移話題才能得到別人的注意。採取這種溝通方式時的內心是敏感的、孤單的、害怕失去控制的。所以，採取什麼樣的話術並不重要，重要的是願意去覺察對方的想法，願意讓對方來感受自己真實的想法。

逃避只是一種行為姿態，背後還有更深層次的內心世界。採取逃避或打岔的方式，只是不知道如何獲取對方的關愛和認同，乾脆放棄，但是**不代表不願、不想、不需要，反而代表更需要。**只要感受到關愛和認同，這種方式就會打破。所以可以嘗試展露自己需要關愛的渴望，或嘗試給予對方關愛和認同。這可以從一件小事開始，當你用吃飯或者玩笑成功轉移了話題，那麼給自己一個緩衝的時間，告訴自己：一天內或者三天內一定要主動和對方聊一聊這件事，不可以默認這件事已經結束。當你沉默、詞不達意、不想繼續交流的時候，告訴自己和對方：現在的時機不對，我們換個時間繼續。當你們再次陷入矛盾而你想要離開的時候，嘗試詢問對方的情緒是什麼，表達對對方情緒的關心。

當你能夠嘗試換一種溝通的方式，對方也會隨之改變他的方式。應對方式是自動的，卻不是固定唯一的。每個人都會根據不同的溝通情境和對象，不自覺地轉變溝通方式，但是面對長期穩定的親密關係，一旦某種方式讓我們嘗到了壓力緩解的甜頭，這種方式就可能成為這段關係中的首選。同樣地，對方也會出現與之相對應的一種方式。這時，一方改變，對方也會隨之改變。

最後，如果那個逃避的人是你的伴侶，上述方法同樣適用。如果他開始逃避，請你主動告訴他：這件事確實棘手，你要是沒有準備好，我們明天下班之後再聊。這個時間一定要具體，不要用「下次」，否則就被對方逃避成功了。如果他根本不願加入話題，那麼就加入他當前關注的事情，展示出：我很想聽到你的想法，你是重要的，我願意等你準備好了再溝通這件事。這個過程需要我們有充足的耐心等待那個「準備好」的時間。

不知何時，開始流行這樣一句自嘲式的口號：逃避雖然可恥但是有用。這句話的重點並不是「逃避」，而是「有用」。現在我們發現逃避的真相是暫時「有效」，卻無法維持一段長久的關係，無法在一段關係中獲得真正的快樂，無法感受對方的愛，那麼，請改變這種方式。

探索練習

你和你的伴侶在衝突中使用的是「指責／討好／超理智／打岔」中的哪一種自動反應模式？嘗試用本篇中的方法寫下一段內心的感受獨白。讀一讀，是否有一種柔軟的愛在流動？

4. 借助情感勒索，實施強烈的控制欲

在親密關係的衝突中，不論選擇哪一種應對方式，在內心深處都隱藏了一份委屈和期待。

壓抑的老好人——我已經這樣放低自己了，你什麼時候能夠看到我的付出？我說的沒關係並不是真的沒關係，其實我很在意。

無視情緒感受的超級理智——你認同了我說的道理就是認同了我，你怎麼就是不聽道理，怎麼就是看不到我的價值呢！

自作聰明式的打岔轉移話題——我不知道怎麼獲得你的關注和認同，乾脆做出一副無所謂的樣子，你什麼時候能夠發現我、看見我、關注我呢！

企圖掌控的指責——我這都是為了你好，你為什麼就不能按照我說的做呢！每次罵你，我都很懊惱，你難道不知道嗎？

這幾種委屈中，採取指責溝通方式時，所受的委屈最容易被忽略。通常我們會把

委屈、討好和讓步連結在一起，那些咄咄逼人的方式，由於過於激烈而掩蓋了其中的委屈。在衝突中採取指責溝通姿態的人，通常會用力地釋放自己的情緒，聲音很大、動作很大，喊叫著：「你怎麼這都做不好！都是你的錯！」一副強勢的樣子。

同樣，這幾種委屈中，也是採取指責方式溝通時，所受委屈最容易表達出來。因為指責的話語中永遠會有一句：「我都是為了你好！」回應方式不論是講道理、嘻笑躲開、指責回去，都會引發更強硬的指責甚至人身攻擊，導致衝突升級。只有當對方屈服、討好、聽從的時候，指責才會結束。因此，指責離不開控制，只是這種控制穿上了濃烈的情感外衣。指責的時候，人們只關注了自己的感受，卻忽略了他人的感受和環境，認為只有自己是對的。對方若順從自己，則證明了自己的正確，同時也證明了自己的價值。雖然這看起來獨裁、苛刻、總是在批評和下命令，但是內心深處的自我價值感是很低的。

「這都是為了你好」，幾乎所有人都曾經聽過這樣的話，或許來自長輩、來自好朋友、來自主管、來自愛人……不論對方是誰，其中隱含的意思都是：「所以，按照我說的做。」結果卻是各種形式的反抗。在生活中，這句話往往將親密關係推向另一端。因為這句話在傳遞「你不對，你沒有經驗，你做得不夠好，你錯了……」這樣貶低自尊的訊息。所以，借助情感外衣實現控制的模式，越來越像一場綁架：如果你不接受這種好，你就是無情無義。

上述是壓力狀態下產生的控制反應，而親密關係中的控制，不只是一種壓力狀態下的反應，同時也是親密關係發展歷程中不可或缺的階段，它幾乎存在於親密關係五個階段的每個階段。

在權力爭鬥期，因為控制能夠帶來對關係的掌控感，從而獲得安全感。這個階段是五個階段中控制表現最強烈的時候，關係最容易受到破壞。如果在權力爭奪期，親密關係的雙方依舊保持對彼此的興趣和好奇心，理解彼此的控制和防衛，就會進入穩定期。這個階段比較和諧，求同存異，即使意見不同也很少爭吵。此時關係繼續，將進入承諾期，這時雙方並不是就爭奪期的要求或穩定期的差異做出承諾，而是尊重彼此的所有選擇，向對方和自己同時做出承諾。進入最後一個階段，親密關係的雙方更加真誠，理解彼此的力量和不足，認同彼此的願望和夢想，不論遇到任何問題都選擇合作創造共同利益。在五個階段中，權力爭奪期往往會導致關係的破壞，很多親密關係在控制的博弈中宣告結束。儘管如此，這個階段無法避免，也並非全是危機，還將激發很多內在的力量。很多人在親密關係中累積的經驗往往也離不開這個階段。

不論是壓力狀態下自動化出現的控制姿態，還是親密關係發展中的控制階段，共同點都離不開安全感。借助情感勒索，透過指責的形式，目標是實現自己強烈的控制欲。讓他人按照某種方式發生改變，在這個方面，心理諮商師似乎更有一套。心理諮商師採取的方法很簡單：傾聽、共情和無條件的積極關注。這些能力可以透過後天學習、訓練得到提升。

傾聽

聽是一個很簡單的動作，也是一個很難做到的動作。因為在聽的過程中，人們常常不自覺地做出一些同意或不同意、正確或不正確、接受或不接受的判斷。在聽到對方的某句話或某個詞的時候，因為已經做出了判斷而打斷後面的敘述。即使聽完了對方的全部敘述，也會根據自己的想法、經驗衡量對方，或是給出建議和忠告。這將導致只是做出了聽的樣子，卻沒有完成傾聽。而且，大多數情況下，人們很難察覺到自己「未聽」的表現。例如，當你的伴侶說「我辭職了」，你會如何回應？第一個念頭是同意還是不同意？覺得這個舉動是否明智？會不會告訴他怎樣安排離職期間的工作？這些回應的念頭都可以套上一句「我為了你好」。這些念頭都帶有情感勒索的意味，都包含了強烈的控制欲，都屬於「未聽」。因為，你沒有聽到這句話的情緒是輕鬆還是惋惜，沒聽到這句話後面關於原因和過程的下文。既能聽到話語的表面意思，也能聽到話語中隱藏的情緒和訴求，就是諮商過程中常使用的深度傾聽。做到深度傾聽需要一段時間的專業學習，不過在生活中可以透過練習體驗一下。在對方描述的過程中認真傾聽，只微笑點頭，示意鼓勵對方繼續。

♥ 共情

體會並理解對方的感受，不論對方的感受是否符合常理，是否符合自己的經驗，都不做任何評判。共情不是和對方保持相同的反應，而是理解對方的反應。同樣是在雪地裡摔倒，有的人會覺得就是地滑導致的意外，所以哈哈大笑並不在意；有的人會覺得作為成人這麼狼狽實在丟臉，所以很不好意思地趕緊起身，低頭走開；有的人會覺得是自己太倒楣，所以開始抱怨運氣不好，十分委屈。如果這個摔倒的人是你的伴侶，這三種反應你能接受哪一種？如果能接受任何反應，並表示理解，儘管你會有一種和他並不相同的感受，那麼你也做到了共情。如果你對某些反應不甚理解，甚至不能接受，那麼請嘗試在和他相處的時候，讓自己進入對方的內心世界，好好體會一下對方的立場。需要注意的是，共情既要有結合情緒的能力，體會對方的情感，又要抽離情緒，不至於陷入對方的情緒而失去自我。

無條件的積極關注

完全的接納。每個人都不是完美的，都有優缺點，都有你喜歡的特質和討厭的特質。不論他表現出怎樣的狀態，都秉持接納的態度，不進行評判，不提出要求。比如指責的時候，認定了只有自己是正確的，對方是錯誤的，只有當對方按照自己的要求去做，才認為對方是合格的伴侶，這就是有條件的接納。例如，我們修圖的時候，會在很多細節做修改，這裡再暗一些，這裡再圓一些，這裡顏色替換一下，因為在我們的心中有一個關於美照的評判標準，不符合就要一直修改，這就是控制和條件式關注。只有放下評判，完全接納伴侶的時候，才能建立起更親密的關係，才能在這段關係中有欣喜的發現。

儘管諮商的目標並不是改變，而是更好地瞭解自我和探索自我，但是經過諮商之後，很多當事人發生了變化。這個變化的方向並不是由諮商師決定的，而是在諮商的過程中，透過幫助當事人釐清自己的成長意願和目標，由當事人自己決定的。傾聽、共情和無條件的積極關注並不是諮商師的全部技巧，卻是諮商師最常使用的方法，幾乎適用於所有的當事人。同樣地，對於親密關係中的控制行為也有一定的啟發。如果期待對方能做出一些改變，不如嘗試一下諮商師的溝通方法。

事實上，生活中的經驗不只是獲得具體的行為方式，更重要的是瞭解行為背後的深層渴望。渴望被認同，渴望符合自己的設想。很多人對他人的控制帶著情感的偽裝，**殊不知這個世界上我們可以控制的，只有自己的想法和行爲。**

探索練習

在溝通中有意識地練習傾聽、共情和無條件的積極關注，去覺察自己哪些部分需要提升。

5. 轉化習慣性壓抑，做眞實的自己

英國喜劇大師卓別林在十二歲的時候，父親酗酒去世，母親罹患精神病被送進精神病院，卓別林兄弟倆成了孤兒被送進孤兒學校，後來又成了流浪兒。他一生經歷了種種不幸，造成了壓抑的個性，後來患上嚴重的憂鬱症。覺醒後的他於七十歲的時候寫下了〈當我真正開始愛自己〉這首詩：

當我真正開始愛自己，
我才認識到，所有的痛苦和情感的折磨，
都只是提醒我：活著，不要違背自己的本心。
今天我明白了，這叫作「真實」。

轉化習慣性壓抑，我們可以使用一致性溝通的藝術。一致性溝通的五個重要環節是：覺察、承認、接受、行動、欣賞並感謝。首先，**覺察**自己的身體反應和情緒變化。當衝突或矛盾事件發生時，我們首先會在情緒和身體兩個方面做出最直接的反

應。**承認**這個情緒的存在，而不是歸咎於他人，告訴自己：我可以為自己的情緒反應負責。無論這個反應是理性的還是非理性的、是成熟的還是幼稚的，**都接受**。然後嘗試做出一些**行動**讓情緒平緩下來，注意，並不是改變這時的情緒，只是降低情緒的激烈程度。無論做出的行動是否達到期待的效果，都對自己經歷的這個過程表示**欣賞**。

例如，伴侶沒有報備竟然半夜醉醺醺地回到家，以往的解決方法可能是指責式地大罵一頓，或者討好式地自我安慰，認為這都是為了我們倆，等到酒醒之後，說明喝酒有害健康並且約法三章，又或者順其自然不管不問。這些方式中都蘊含了一種委屈，屬於不一致性的溝通。按照一致性的溝通方式，先察覺一下自己看到這個情境時的心理變化和情緒反應，然後承認它——現在的我很生氣／很心疼，再接受它——我可以生氣／可以心疼，做出一些行為緩解這種情緒，嘗試深呼吸或者擁抱一下。無論自己做了什麼，都在心裡感謝一下自己。

所謂一致性的溝通，就是和自己在一起，意識到自己的重要性。**我們和他人一樣重要**，所有的情緒和感受不需要隱藏，也不需要否認。很多時候，我們對伴侶生氣，但是親戚朋友在勸導的時候會說，這樣不夠寬容、過於敏感。這會導致我們認為自己確實不應該憤怒，應該盡快消除憤怒，所以會在情緒還沒有緩解的時候壓抑、隱藏、忽略。一致性溝通並非要求我們堅持己見，不聽取他人的意見，而是能夠和自己對話——這件事確實可以包容、諒解，但是我現在的情緒是憤怒，我可以為我的憤怒負責，我的憤怒也可以存在。

一個內心強大的人並非沒有憤怒。真正需要去解決的，並不是憤怒本身，而是如何更好地表達憤怒。衝突裡最令人擔心害怕的是出現憤怒的指責情緒，人們會自然聯想到暴力和發洩。其實，人們對憤怒的情緒有誤解。**實際上憤怒只是情緒，我們可以表達憤怒，但不一定要憤怒地表達。這是兩種情緒表達方式，前者是理智而且坦誠的，但後者是失控且帶來傷害的。**有意識地區別表達情緒和情緒失控的表達，會帶來完全不同的效果。

比如：你可以相對平靜地說：「我對此感到憤怒。」這是一致性地表達自己有憤怒的情緒。你也可以用失控的憤怒表達：「氣死我了！！！」你可以感受一下這兩種表達方式的差別。

詩人米沃什說：「**我最大的恐懼是，我在假扮成一個不是我的人。**」放下那層保護殼，大膽地說「不！」，這樣會活得比較舒心。如果我們暫時無法突破，也請不要自責和自我傷害。改變任何一個習慣都需要時間與心力，不能一蹴而就。

過去（童年）形成的溝通模式是過去的一種自我保護方式。現在你需要明白：「我現在已經成年了，我真的還需要這樣嗎？現在我是否可以表達真實的自己了？」

芳的先生很喜歡玩手機遊戲，每天下班的路上、吃完飯之後都會時不時拿出手機來玩。有時候兩個人聊天，她的先生也會在中途拿出手機，說是有定時的遊戲任務要做。芳對此感到很生氣，但是看到先生平時工作辛苦，這是僅有的休閒方式，每次她都會忍下來。結果兩個人漸行漸遠，話題和溝通越來越少，芳莫名發脾氣的次數卻越來越多。

芳說自己從小被教育：把負面情緒暴露出來的人是不成熟的。自己已經成年，應該不動聲色地處理這些伴侶之間的小問題。所以芳每次對先生產生負面情緒的時候，就會強制自己轉移注意力，克制自己不要這樣。要改變這種情況，需要芳真實地面對自己，這並不意味著每次看到先生玩手機的時候就把憤怒爆發出來，而是告訴自己：

我現在正因此而憤怒，我是可以憤怒的，這個憤怒是屬於我自己的，我有方法處理我的憤怒。當芳對自己說出這幾句話的時候，她瞬間有了一種釋放和接納的感覺。

我們總是希望改變對方，從對方那裡獲得關愛，但那個最真實的主語其實應該是自己。因為各種意識層面和潛意識層面的原因，如果焦點都是「你」，說話的主語也是「你」，那麼是時候訓練和自我重新連結了。要真實面對自己，加強自我的覺知，可以透過「我」表達法開始：

首先，每個句子以「我」為主語開頭。

其次，使用**「我看到／聽到／發現」＋對方具體的行爲**的句式，陳述事件——我發現你今天沒有去交罰款／我看到你在吃飯的時候玩手機。

再次，使用**「我感到」＋具體情緒**，表達自己的感受——我感到疑惑／我感到被忽視的失落／我感到委屈／我感到懊惱。

最後，透過**「我希望」＋具體的希望對方做出的行爲**，表達溝通的目的——我希望你明天去繳保險費／我希望你在吃飯的時候可以陪我聊天，這樣我會感到很滿足，而且多一些溝通，我們的關係會更和諧。

「我」表達法將陳述的主語轉向自己，每句都在表述自己的感受和期待，也能夠更好地將覺察力放在自己身上。當主語是「你」的時候，我們將轉向關注對方而忽視了真實的自己，容易帶出對對方的指責要求和評判，這樣對方容易產生抵觸。在使用「我」表達法的時候，每個步驟都離不開「具體的表述」，而且越具體越好。行為描述越籠統，越容易導致理解偏差。有時候一件事情引起的情緒是交織在一起的，有時候衝突中包含了很多的事件，有時候爭吵總是摻雜了以往的種種，這樣的描述並不會讓對方意識到這些事情如此重要，只會陷入深深的困惑，看不到真實的彼此。況且改變是一步一步地發生的，關係的調整也需要一步一步地實現。不要著急，也不要擔心，這個過程可能充滿困惑和遲疑，但是**請相信真實的自己蘊含著足夠的力量**。

馬戲團中有一隻被鏈子鎖住的大象，鏈子年久，已經不那麼牢靠，以大象的身軀和力量可以輕而易舉地掙脫，可是這隻大象從來只會在鏈子的長度範圍內活動，即使被打也不掙脫。人們很奇怪，詢問馬戲團的團長，團長說這隻大象的鏈子是從牠還是小象的時候套上的，那時候小象並不聽話，屢屢反抗試圖掙脫，但是那時候小象力氣有限，鏈子比較堅固，小象從未成功。於是隨著時間的推移，小象掙脫的嘗試就越來越少了。即使牠長大了，有了掙脫鐵鍊的力量，牠也不再用力，因為牠已經相信自己的力量不能掙脫這條鐵鍊。

這個故事並不是要討論大象的力量，而是引導人們反思自我的真實力量。我們是不是也像這隻大象一樣，在曾經的失敗中失去了對自我力量的判斷？我們曾經使用習慣的溝通方式和舊有的應對方式，得到的是一次次的溝通失敗和臨近破裂的關係，所以不再相信自我有足夠的力量。其實隨著時間、閱歷、經驗的增加，自我一直在強大。曾經在某個時刻由於無法處理親密關係的衝突和壓力，我們選擇了壓抑和隱藏、逃避和無視、用攻擊和控制虛張聲勢。但是，現在的我們已經有了成長和變化，在還沒有意識到的地方累積了力量。要和自己的力量在一起，就不能像這隻大象一樣放棄。畢竟，你並不孤單，你不是馬戲團角落裡落單的動物，而是擁有各種資源、不斷吸取營養的獨立而自由的人。

探索練習

嘗試和伴侶做一次一致性溝通，無論效果如何，先擁有自己突破的勇氣。

6. 接受衝突，善用衝突促進瞭解

個體差異決定這個世界上沒有沒矛盾的夫妻。能走到最後的婚姻，不是一輩子不衝突，而是有了衝突還能走一輩子。因此，自我成長和完善不是為了以後沒有衝突，真實的夫妻之間永遠會有衝突，但在帶著覺知的情況下，真實地表達自己的觀點只會令兩個人的關係更加親密。

要發展出面對衝突能力的第一步，就是你要正確地看待衝突的兩面性：衝突有壞處，但也有好處。**衝突是傷，也是藥**。

♥於己，衝突是釋放眞實自己的視窗

衝突具有兩面性，其壞的一面是顯而易見的。當雙方處在衝突中時，情緒上很容易產生憤怒，而憤怒有著強大的力量，一旦使用不當，就會傷害自己、傷害對方。但是衝突，可以讓你表達真實的自我。這樣對方也會更加瞭解你，從而知道如何尊重彼此。

我們不得不承認，**學會面對和處理衝突確實需要勇氣和智慧**。《論語》裡提到：「君子和而不同，小人同而不和。」君子可以與周圍的人保持和諧融洽的關係，同時他對待任何事情都會坦誠地表達出自己的觀點，而非為了表面和諧，放棄立場，壓抑自己的想法。

在兩性關係中，如果你想獲得伴侶的理解和尊重，你就不能再壓抑自己，逃避現實，也不能讓情緒氾濫，傷害彼此，得學會真實地表達自己。如果伴侶懂得你的心，或許衝突會成為療癒你的一帖藥，這是促進彼此瞭解的好機會。你要知道，**「客氣」只能停留在表層的關係，而無法增加情感的連結，讓彼此關係更加親密**。

費里尼在電影《八部半》裡有句經典臺詞：**「幸福在於能夠說真話，而又不傷害別人。」**

很多人希望伴侶「不要把情緒帶回家」，是因為面對情緒時無力以對。試想如果連家裡都無法說心裡話，連同床共枕的人都不理解自己，面對家人都沒辦法找到情緒的出口，那他要嘛默默承受內心的痛苦，要嘛憂鬱，要嘛在外面找知音，結果婚姻的危機也就出現了。

成熟的伴侶若能達成共識「家就是談情（情緒）說（表達）愛」的地方，雙方就會多一份接納和敞開。透過表達和聆聽，知道彼此的需求和差異，這是增進親密關係的過程。

♥於他，衝突反映關係雙方深層次的愛意

衝突看起來糟糕，但並不是全無益處的。如同危機可以拆分成危險和機遇，度過危險會迎來成長的機會，理解衝突能夠更好地應對現在。衝突之中所有產生困擾的應對方式，都離不開對愛的索取。

壓抑、討好雖然表面上是在遷就對方，但深層次的目的是希望對方能夠回饋愛，「為了你返回給我一分，我寧願給出十分」。

指責、控制不僅是在索取愛，也是在表達愛，只是使用的方式是強制的。超理智索取愛的方式是交換，輸出正確的道理和觀點，認同即愛。

逃避並沒有做出明確的索取愛的行為，因為擔心自己不夠重要，為了避免得不到

的結果而乾脆不做，不過卻在努力地表達出愛，努力不讓矛盾和焦慮擴大。

衝突帶來的雖然都是不好的體驗，但是可以透過衝突看到關係的進展階段。如果能夠察覺彼此索取愛和表達愛的本質，回應愛，那麼一切的矛盾和衝突自然就迎刃而解了。

❤衝突是傷是藥，取決於妥協

衝突有兩面性，如果事無巨細都要衝突一番，那就不是「使萬物各得其所」而是「兩敗俱傷」了。其實，衝突的雙方都是對的，只是因為所站的角度不一樣，所關注的焦點不一樣而已。因此，我們既要敢於表達，也要學會適當妥協。

長相廝守的婚姻都需要學會在守住底線的同時做適當的妥協。進入情緒慣性反應時，就如同汽車在馬路上疾馳，及時「踩剎車」也是一個同樣重要的技巧。帶著覺察及時停止，就可以避免事情發展成災難。

「和為貴」需以中庸之道平衡雙方需求，努力做到「使萬物各得其所」（你好，我好，大家好），實現共贏，這是一種最可取的衝突解決方案。做到這一點，雙方都需要坦誠表達自己，並且要做到彼此顧念，把對方視為自己生命中最重要的好朋友來溝通、對待。

如果夫妻間的交談有個不好的開始，繼續下去就會發展成爭論，繼續爭論只有傷害沒有任何好處。此時你要讓對方明白，爭論下去沒有任何效果，談話需要中斷一會。中斷時間視大家調整狀態的速度而定，一般最少要二十分鐘才能平靜下來。中斷的時候最好抽離爭論的現場，關鍵是避免進入負面思維、捲入受害者的情緒之中，儘量做一些讓自己平靜下來的事情，比如出門散步、深呼吸、冥想或聽一些緩解情緒的音樂等。

先平靜下來的一方，可以用自己平靜的能量影響或安撫另一方，讓對方感到和你在一起可以放鬆，願意在適當的時候繼續交流還未解決的問題。

❤衝突是傷是藥，取決於界限

婚姻，除了使雙方各得其所，還要建立在界限、規矩之上。這也是最有挑戰的地方。尊重源自有界限。但我們大部分人有侵犯別人界限和被別人侵犯界限的雙重經歷。我們最不想看到自己的盲點——沒有人會願意承認自己不懂尊重。

例如，婚姻中一個經常性的衝突來源自錢，許多婚姻也因為金錢的界限問題沒有妥善處理好而結束。錢重要還是感情重要？錢由誰管？錢怎麼用？基於「談錢傷感情」、「既然你愛我，就要讓我管錢」的病毒性信念，許多夫妻盲目地把家庭理財這個重大議題簡單粗暴地演繹成「二選一」的選擇題：要嘛你管我不管，要嘛我管你別管。有些伴侶直接交出財政大權，美其名曰「愛和信任」，其實伴侶雙方對金錢沒有界限感，是非常不成熟而且對家庭極為不負責任的態度。

我見過許多家庭因為金錢管理的問題而導致婚姻的破裂。負責管錢的一方一聲不吭地把錢給了自己的父母，沒有事前和伴侶溝通，另一方知道以後就會產生憤恨，或者管錢的伴侶投資失敗了或者被人騙了，另一方就會因為失去安全感而對這段關係失望，管錢的一方也會自責和內疚。發生這樣的經濟失衡，關係都會隨時破裂。

金錢意味著一個家庭的穩定和發展，所以夫妻的結合不僅是感情的結合，而且意味著家庭未來責任的共擔。負責任的夫妻會合理規劃家庭的經濟，做好收支預算，在合理的範圍內可以隨意支配，但超出範圍需要雙方討論達成共識。任何投資都意味著風險，所以草率的決定意味著結果很難美好，決定之前都要想想：如果投資失敗，我們這個家庭是否能夠承擔？這才是一個負責任的心態。

所以，在婚姻中你不能只想扮演「好」人，你要有保持界限的力量。

❤接受衝突、善用衝突，讓關係越走越遠

接受衝突是一種能力，這種能力會決定一段關係能否走遠。學會善用衝突，不僅不會損害親密關係，反而還會增進彼此的信任。每個新家庭都是由兩個原生家庭的成員組成的，涉及兩個原生家庭文化的碰撞。新家庭開始，親密關係的雙方都會堅守原生家庭的規則，站在自己覺得合理或正確的角度來審視問題，衝突在所難免。這時候，彼此表達自己的觀點，並呈現出自己的界限，讓對方懂得與自己相處時的關係底線，雙方在界限之下找到舒適的相處方式。這樣既不需要壓抑和委屈自己，也不需要為了避免衝突而強迫對方做出改變。

在面對衝突時，首先，允許彼此坦誠相見，並學習如何帶著覺察表達情緒。其次，雙方透過一致性溝通，跳出各自的局限，協商尋找共同點，尋找雙贏的相處方

式。總之，抱著「各得其所」的態度處理衝突，能夠令彼此越來越瞭解對方，關係變得越來越親密。你可以因為選擇和諧而選擇妥協，但不必因為害怕衝突而失去底線。

在親密關係中，不必過分擔憂衝突，每段關係的表現不盡相同，只要能夠感受到愛與認同，就能夠收穫安全與成長。衝突的應對方式一直在改變，唯一不變的是關於愛的需求。人們追求愛，所以在每種溝通姿態中發展出了積極的力量，例如使用指責和控制的時候，也會發展出自己的責任感、執行力和創造力。在壓抑討好的時候，會發展出自己的包容力和關懷力。超理智的時候會獲得睿智和知識。逃避的時候也會展現出幽默、靈活的特質。這些特質能幫助我們散發出吸引力，形成良好的親密關係。

每個人都是自由的，善用衝突能夠幫助我們促進對彼此的瞭解，享受相對自由的關係。正如心理學家薩提爾關於自由的詩中的描述：

自由地去看和聽存在於這裡的一切，而不是那些應該存在、過去存在或是將要存在的。

自由地去表達你的感受和想法，而不是表達那些你應該表達的。

自由地去感受你所感受到的，而不是感受那些你應該感受的。

自由地去要求你想要的，而不是永遠等待許可。

自由地代表自己去冒險，而不是僅僅選擇「安全」和不搗蛋。

探索練習

你是否可以在衝突中看到彼此的愛意？在什麼情況下你會妥協？你在關係中有保持界限感的意識嗎？如果衝突中的溝通方式不是你喜歡的，你打算做些什麼調整？

第四章　知己知彼，求同存異

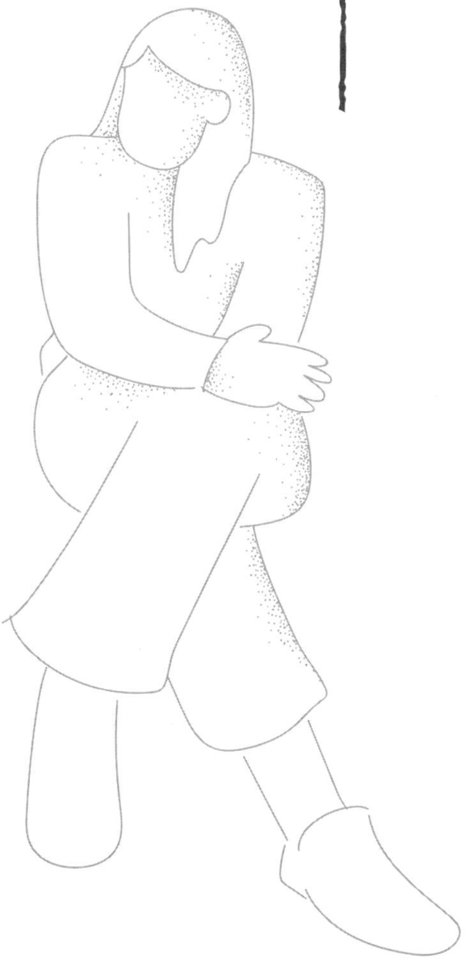

當你只注意一個人的行為，
你沒有看見他。
當你關注一個人的行為背後的意圖，
你開始看他。
當你關心一個人意圖後面的需要和感受，
你看見他了。
透過你的心看見另一顆心，
這是一個生命看見另一個生命，
也是生命與生命相遇了，
愛就發生了，
愛會開始在心之間流動，
喜悅而動人！
這就是吸引而幸福！

當你只關注自己的行為時，
你就沒有看見自己。
當你關注自己行為背後的意圖時，
你就開始看自己了。
當你關心自己意圖背面的需要和感受時，
你才真的看見自己了。
透過內心看見了自己的心靈真相，
這是你的生命和心相遇了，
愛自己就發生了，
並開始在自己身上流動，
你整個人就和諧而平靜！
這就是真愛的發生！

——維琴尼亞・薩提爾〈真愛的發生〉

1. 瞭解先天氣質的差異，找到對的相處方式

一個人的性格是由先天氣質加上後天成長環境造成的，古人說的「江山易改，本性難移」。很多人理解為性格是無法改變的，其實「本性」指的是先天氣質而非性格，因為性格可以因為後天環境及自身的經歷而改變。「本性難移」是因為先天氣質和我們與生俱來的神經系統、血型及體質有關。希波克拉底和巴夫洛夫等心理學家對此做了深入研究，先天氣質的差別主要表現在思維的靈活程度、注意力集中時間的長度、情緒強弱、意志力程度等諸多方面。

人的先天氣質，最典型的有四個類型：活潑型、安靜型、興奮型和抑制型。雖然說人的天生氣質分為四個類型，但並不是說每個人的身體裡只有一種氣質傾向，事實上**每個人身體裡都分布著四種氣質傾向，只是比例不同而已**。比如，有人有五十％的抑制、十％的活潑、二十％的興奮和二十％的安靜，那他們是以抑制為主導的，我們就說這類人是抑制型。但是即使兩個人同樣是抑制型，也可能會有比例差異，差異大

的人身上體現的抑制型特質會更加明顯。

一個學生找我，說能不能幫她已經退休的父親和母親做婚姻輔導，還說不確定父親最近是不是腦子有問題了。將近八十歲的父親最近才退休在家，平時非常沉默和隱忍的父親最近情緒突然非常暴躁，他懷疑經常出去和朋友一起玩的妻子有外遇了，做了很多過激行為，母親也因此高血壓發作住進了醫院。

我分別單獨見了老先生和老太太，發現他們儘管已經結婚五十年，而且是那個年代的知識分子，但他們依然沒有真正地瞭解彼此。因為多年的誤解，內心已經為對方貼上很多固執的標籤。老太太說抑制型的丈夫「話少、膽小怕事、生活單調無趣」。老先生則懷疑先天活潑的妻子有外遇，因為她「對外人比對自己熱情、經常不在家」。

經過單獨輔導，兩個人情緒已經穩定了許多，這才可以安排兩個人同時輔導。這一次，我總結了他們先天氣質差異帶來的誤解，並給他們日後的相處方式提供了建議，兩個人打開了心扉，也解開了心結。結束後老先生心懷悔意，攙扶著老太太下樓，而老太太也主動說要回家陪老先生了。

究竟是什麼讓他們發生了轉變？請大家先瞭解一下活潑型氣質和抑制型氣質的差異，我在後面再補充。

❤活潑型氣質特點：主動熱情，善交朋友

活潑型的人整體來說屬於外向型。他們活潑好動、敏感、反應迅速、善於交際，容易吸引別人的注意，同時讓別人開心，易於適應環境變化；在工作、學習中精力充沛，而且效率高，興趣廣泛，但往往思考不夠深刻，注意力容易轉移，情感興趣易於變化，受不了一成不變的生活。

相處方式：關係優先、感性溝通、建立界限和責任。

・關係優先

活潑型的人最在乎的是關係，如果關係不好，你就別想和他溝通。他不在乎其

他，只在乎人，只在乎關係。活潑型的人很願意討好人，但前提是必須喜歡你。活潑型的人，一生中最重要的渴望就是得到自己重視的人的肯定、讚美和認同，若伴侶無法提供這種「營養」，他對這個家就不會有依戀。他完全忍受不了伴侶看不到他的付出，忽略他的感受。在伴侶身上，如果這個需求得不到滿足，他就特別容易向外尋求，比如利用自己有同情心和俠義心腸的特點幫助別人，也從中收穫別人對他的肯定。

・感性溝通

活潑型的人比較感性，如果你能多傳遞溫暖的情感，會減少很多不必要的爭執。如果你跟他說：「你經常不在家，花錢又大手大腳，我很討厭這樣。」這是負面的警示，只會引起他的反感，更加任性。但如果你說：「我很在乎你，也很在乎我們的關係，我希望你可以多在家陪陪我。」他就能夠聽進去。要讓活潑型的人改變，先要建立你們之間溫暖的情感連結，然後讓他願意自我約束。

・建立界限和責任

界限和責任是活潑型的人的弱點。活潑型的人界限感很弱，信任你的時候把錢全都給你。他會為了關係，而忽略自己的責任。比如週末你們在過家庭日，他突然接到朋友需要幫忙的電話，他可以不顧你的反對，理所當然地丟下家人，先去幫朋友。和他不一樣的是任務導向型的抑制型的人，只要答應完成一件事，就會先完成任務，再幫助其他人，會先和別人說明：「我知道你遇到了問題，但我現在要陪家人，然後再來幫你。」另外，因為自我約束能力較差，活潑型的人很容易隨心所欲，欠缺計劃性。如果另一半是抑制型的人，就會對此感到很頭疼。所以，如果你的伴侶是活潑型，那麼你們首先要建立良好的感情關係，然後再去做有效的溝通達成共識，包括對金錢的管理和規劃，否則，他容易養成花錢完全沒有計劃的習慣。

❤抑制型氣質特點：感受細膩深刻、思考透徹的完美主義者

抑制型的人整體上是內向型的人。為人小心謹慎，思考透徹；做事專注、敏感細膩、善於覺察別人不易覺察的細小事物；具有高度的情緒易感性，多愁善感，情感的

體驗深刻細膩且持久；行動遲緩，不太合群，有些孤僻，遇到困難時優柔寡斷。

相處方式：心理滿足、疏導情緒、給予空間和自由。

・心理滿足

能讓抑制型的人把優勢發揮到極致的基礎是，伴侶要給予他充分的心理滿足感。這指的是，給他無條件的接納，滿足他對安全感的需要，給他「他在你心中最重要」的確認，給予他肯定、讚美和認同。當抑制型的人得到足夠的心理滿足，他的生命就會綻放。因為他非常聰明，只要有一個穩定和諧的伴侶關係做後盾，他就能發揮自己最大的潛力不斷進步。和活潑型的人不同的是，抑制型的人善於自省，他們能夠快速地從錯誤中總結經驗教訓。

對「真理」的追求，讓抑制型的人很容易掉進非黑即白的二元對立裡。因此，他害怕犯錯和失敗，一旦失敗，比較難以面對，難以重新出發。所以當一個抑制型的人做錯決定或做錯事情的時候，很考驗伴侶的智慧。抑制型的人本來就擅長自省，所以很多時候他們做錯事情並不需要伴侶總是在耳邊不斷地提醒他們，他們就已經知道自己錯在哪裡，下次應該怎麼改善。即使他一再犯錯，提醒他時也要有一個重要的原則：對事不對人。

這個原則雖然適用於所有人，但對抑制型的人來說尤為重要。其他人如果因為犯錯被別人數落一通，可能很快就會忘記，而抑制型的人，因為敏感、深刻的特點，只要受到對他本人的攻擊，就會放在心裡，很久都過不去。所以當他做錯事的時候，你可以和他說：「這樣做的話，後果可能會很嚴重，我們可能會承受不起。」但切忌說：「你怎麼連這麼簡單的事情都做不好？你怎麼可以這麼沒腦子？」這類針對人的攻擊，會讓抑制型的人尤其受傷。

・疏導情緒

抑制型的人感受太多、太深刻，有了情緒後又不容易放下，所以調節情緒對他們而言是一個非常重要的課題。比如面對一個脾氣不是很好的伴侶，活潑型和安靜型的人都比較容易撐過去，而抑制型的人就很容易吸收伴侶的問題和負面情緒。他很容易把自己和伴侶的痛苦悲傷捆綁在一起，而不容易區分開來。所以，一方面，伴侶要盡可能少輸送負面情緒；另一方面，當他有情緒時，要為他提供很好的情緒疏導途徑和方法。比如，不管他是沮喪還是悲傷，都要耐心地傾聽：「嗯，我看到你這樣很難過。」

・給予空間和自由

抑制型的人做事專注力強，所以他們需要獨立的空間思考和處理問題，這個時候一旦有外界干擾，他們就會煩躁，覺得沒有被尊重。因為喜靜，他們不喜歡交際應酬，只會挑選為數不多的人當自己的好朋友。與對待興趣愛好的方式一樣，他們只要選定了好朋友，就會開始一段比較持久的關係，感情非常深厚。

看了上面關於活潑型和抑制型氣質的描述，相信大家也瞭解了案例中兩位老人的氣質和差異。當時我問：「過去哪位的事業做得更好？」老太太直說：「我和他比差太遠了，差太遠了！」她說老先生是某個領域的專家，甚至到了退休年齡還作為專家被國家單位再次聘用，直到最近一年才真正退休。

我說：「哦！那看來老先生在孩子小的時候是家庭的經濟支柱了。」兩個人點頭。然後我又問：「過去家裡的事通常誰出面解決？」老先生說：「都是她弄的。」「那看來你們兩位原來是男主外女主內。」兩個人點頭。

我接著問：「你們過了五十年的婚姻生活，有說過欣賞或感激對方的話嗎？」兩個人直搖頭，說沒有。於是我引導他們做了一致性溝通，把對對方的欣賞和感激說了出來，其間兩個人熱淚盈眶，連平時話語極少的老先生也忍不住流下了熱淚，老太太也遞了衛生紙給他。

「現在的問題是退休後老太太經常不在家，老先生很孤獨？」老先生點頭說：「太難受了！」

接下來，我分析了兩人不同的先天氣質：一個有深度，一個有廣度。正是因為老先生的深耕專注成就了他的事業，而退休卻令他感到孤獨，覺得日子過得毫無價值。老太太年輕時因為對孩子和家庭的責任，不得不先照顧家庭，苦悶時只能看書作樂。但隨著兒女成家立業，自己又退休了，她覺得終於可以「活出自己」，唱歌、跳舞、逛街、旅遊，日子過得不亦樂乎。

他們的矛盾，本質上是先天氣質的差異呈現在退休生活上的不同態度。充分認識到這一點之後，老太太表示以後有什麼活動都叫上老伴，自己也適當安排時間在家陪伴老伴，老先生也表示要有意識地增加其他興趣，讓退休生活過得更有意義。

❤興奮型氣質特點：勇敢執著，目標大於一切

從表面上看，興奮型的人和活潑型的人都表現外向。但實際上，這兩類人的內在氣質相差甚遠，他們之間最大的區別在於興奮型的人行動風格完全是目標導向型，為了達到目標，他們會想盡辦法。興奮型的人直率熱情、精力旺盛、情緒易於衝動，心境起伏大，反應迅速，行動敏捷，暴躁而有力；性急，有一種強烈而迅速燃燒的熱情，不能自制；在克服困難上有堅忍不拔的勁頭，但不善於考慮能否做到，工作有明顯的週期性，能以極大的熱情投身於事業，積極克服達到目標的重重困難和障礙。但當精力消耗殆盡時，便失去信心，情緒頓時轉為沮喪而一事無成。

相處方式：建立正確價值觀、加強修煉、以柔克剛。

・建立正確價值觀

選擇興奮型的人做伴侶，最重要的是觀察他的價值觀是否正向。當興奮型的人是非觀、價值觀正確時，他在經營家庭和事業的過程中不怕困難，不會在意別人的看法，會為這個家庭保駕護航。但如果觀念出現偏差，破壞力也是極大的。與其他類型的人相比，興奮型的人天生對弱者沒有那麼多的同情心。因為當他自己遇到困難時會積極面對，所以他會輕視那些遇到一點問題就逃避的人，並且無法理解別人為什麼會那樣。

・加強修煉

每個人這一生都需要修煉，但對興奮型的人而言尤為重要。因為情緒容易激動，起伏不定，所以容易影響他的決策及事業。由於他急於求成，這既是成功也是失敗的重要因素，所以他的優勢和弱勢是鮮明的兩個極端，若不加強修煉，暴躁、自負加上無休止的欲望可以把過去的所有成就毀於一旦。個性鮮明的興奮型也非常考驗伴侶的智慧，因此伴侶最好先修煉好自己，潤物細無聲地影響高傲的興奮型。

・以柔克剛

興奮型的人喜歡控制別人，而被他控制的伴侶，有可能會感到壓抑，從而發生衝突。興奮型最忌諱遇到掌控型的伴侶。兩強相遇必有一傷，當他的想法和目標得不到伴侶支援，反而遇到阻撓時，那一股強大的力量就容易被迫流向破壞性的方向。如果伴侶使用激將法，甚至會引發家暴。因此，你若有這類型的伴侶，要格外給他自由發展的空間，以柔克剛。除非出現大是大非的價值觀問題，一般情況下，對他要積極給予正面的支持。否則，當遇到打壓的時候，興奮型的人會報以異常強大的破壞力量，來和伴侶對抗，兩敗俱傷是必然的結果。

❤安靜型氣質特點：穩重謹慎，思維能力強，化解矛盾的和平使者

安靜型氣質的人看起來比較安靜內向，喜歡獨自一個人待著，不像活潑型的人哪裡熱鬧就往哪裡去。安靜型的人會選擇與少數幾個特別信任的人連結，而不是大多數人，這樣的社交風格來自他天生謹慎的個性。個性沉默寡言、思維縝密周全，善於忍耐，反應比較緩慢，沉著穩重，能克制衝動，嚴格恪守既定的工作制度和生活秩序；

情緒不易激動，也不易流露感情，自制力強，不愛顯露自己的才能，固定性有餘而靈活性不足。安靜型的人天賦之一是有邏輯有條理，思考能力強，他把一件事前前後後想好後，就可以照著自己的想法去行動。相比之下，抑制型的人即使知道怎麼做是對的，但常常因為感受、情緒太多而無法行動。因此安靜型的人性格的一大優勢是情緒穩定，擁有和諧的人際關係。

但凡事有兩面，比如安靜型的人，假如他的伴侶情緒波動比較大，一面是他一般不會受到太大影響，並自得其樂；他會覺得那是她的事，他會自己處理自己的情緒，不容易受到影響。另一面便是情緒波動大的一方會感覺被冷落。

相處方式：接納慢節奏、多給肯定、鼓勵表達感受。

・接納慢節奏

安靜型的人除了上述的優勢以外，對金錢的管理能力也是其他類型的人無法相比的。唯一讓人抓狂的就是安靜型的人讓人感覺做什麼都慢，其實他慢的原因是個性謹慎，做任何事情都需要多一些時間思考和準備。如果他的伴侶性格比較急躁，老是催促他，他可能不會發脾氣，但是他會覺得被干擾。

安靜型的人雖然看起來個性溫和，但骨子裡非常固執倔強，因為他覺得任何事情都要盡可能想得周到，不希望別人干擾他思考。

・多給肯定

相比興奮型的人，安靜型的人看起來總是精力不夠，這是因為不管是工作還是生活中的事，安靜型的人思考得都太多，氧氣大部分都輸送到大腦用於思考，因此他真的很累。不理解的伴侶會覺得他很懶，或者是希望他多鍛煉身體，提升精力和魄力。其實他的狀態和懶無關，只是精力沒那麼旺盛而已。所以他表現不那麼活躍，不那麼愛運動，時常需要休息。其實身體是很有智慧的，知道有太多精力要消耗在腦袋裡，所以會自動休息，保護精力。

安靜型這樣的外在表現方式，很容易被伴侶指責。其實這樣只會適得其反，面對安靜型的人，如果希望他哪方面做得好，便在哪方面做得好的時候認可他、肯定他就可以了。只有透過正面肯定的方式，才會激發他的積極行動力，讓他變得比較有力量，比較有行動力。

・鼓勵表達

因為天生不那麼喜歡表達感受，所以進入婚姻以後，親密伴侶通常會有一種面對木頭人的感覺。安靜型的人要學會表達感受並不容易，尤其是開始的時候，需要伴侶給他更多的接納和耐心傾聽，甚至主動引導他表達感受。只有在伴侶面前感覺到足夠的安全，他才會慢慢地敞開心扉。

在我們小的時候，外向型的人是比較容易招人喜歡的。「勇敢」、「活潑」、「做事爽快」、「口才好」往往是活潑型和興奮型的標籤；反之「膽小」、「反應慢」、「拖遝」、「懶惰」就很容易成為抑制型和安靜型的標籤。你很難想到用「深思熟慮」、「穩重」、「高情商」來褒獎一個安靜型的孩子……成年人這些個人喜好帶來的標準有可能會影響孩子的一生。如果伴侶之間繼續用一些負面的標籤，那不僅不能支持對方成長，而且會對其自尊帶來極大的傷害和打擊。

早一點瞭解到你和伴侶或家人的先天氣質，家庭成員之間的相處就會更加輕鬆。如果不瞭解伴侶的天生氣質，很容易就會習慣盯著伴侶那些令人不滿意的地方，為對方貼標籤，卻忽略了對方獨特的一面，這就會造成伴侶之間的很多矛盾和衝突。

懂得伴侶的先天氣質**會更容易減少誤會，理解接納對方，並知道怎麼和對方相處，甚至有可能會引爆伴侶的潛能。**

比如，劉嘉玲和梁朝偉的氣質和喜好如同正負極的兩端。劉嘉玲喜愛熱鬧，梁朝偉卻比較喜好安靜。

劉嘉玲是個派對女王，喜歡呼朋喚友一起玩，但梁朝偉幾乎從來不參加。張國榮、王菲等一幫朋友經常在他家打牌，所有人都玩得不亦樂乎，而梁朝偉竟一個人躲在一旁喝茶。

劉嘉玲八面玲瓏，梁朝偉卻不屑於人情世故。兩個人去參加朋友的婚宴，有人走過來要和梁朝偉碰杯。梁朝偉卻來了一句：「我為什麼要和你喝？」劉嘉玲馬上出來化解尷尬：「抱歉，我家先生不太喜歡喝酒。來，我敬你一杯。」

一段婚姻裡，夫妻二人居然可以如此不同。劉嘉玲卻從來沒有想過要強行改變他，從不勉強他去社交、唱歌、喝酒。她說：「我就是欣賞他那份享受孤獨的隨性自由。」

所謂**愛到深處是懂得，更是慈悲**。氣質迥然的夫妻，也可以擁有最美好的愛情。

探索練習

根據平時的觀察，評估一下你和家人這四種先天氣質的百分比，哪一個是優先氣質？換一個角度，寫出對方的優勢特質（有些特質因爲被否定，優勢未必發揮出來，可能以隱藏的方式存在）。你也可以和對方多溝通，以便瞭解和發現更多。

2. 摘掉標籤：區分事實和想法

愛君已經五十七歲，她和丈夫坎坎坷坷度過了三十年名存實亡的婚姻。為什麼如此坎坷不幸呢？只因為一句調侃的話。

三十年前，女兒剛滿三個月，愛君因為生育女兒，身體還沒有恢復。一天，愛君看到丈夫靠在床邊看著可愛的女兒，她覺得特別溫馨，便走過去摟著丈夫一起看寶寶。沒想到丈夫用「母豬」來形容她，這讓愛君的自尊心大大受挫，覺得備受侮辱，因此在內心開始了長達三十年對丈夫的怨恨。

愛君的職業是婦產科醫生，後因身體原因辭職，然後去壽險公司做風險管理工作。成長環境及工作性質造就了她堅持原則的性格特徵，習慣於論對錯、辯是非、找問題、查漏洞、做評判，不懂得通融與包容。對丈夫的積怨，加上這樣的思維習慣，導致丈夫在愛君眼裡就是由一堆錯誤組成的人。這種糟糕的負面情緒懲罰著丈夫，也懲罰著她自己，導致她身體狀況非常不好，被三叉神經痛折磨了整整十五年，還因此做過三次三叉神經阻斷術和一次開顱手術。

可能很多人覺得不可思議。夫妻之間因為一句無意的話就冷戰三十年？粵語有句方言：「崩口人忌崩口碗。」意思是用有缺口的碗來盛東西給唇裂的人吃，分明就是譏諷和刺痛人家的死穴。當然，內心足夠強大的人是不會受影響的。然而，愛君的內心本來就有一個「沒人愛」的信念。

愛君六歲半時，妹妹出生了，父母的同事前來探望，看到六歲半的她，就故意逗她說：「以後你爸媽只愛妹妹了！」這只是成人的玩笑話而已，但是當時的小愛君信以為真，因此非常憤怒，還堅信父母會像那些大人說的一樣比較愛妹妹，不愛自己了。妹妹的出生，加上大人的玩笑話，讓愛君滋生出被遺棄的感覺。在一個孩子有了被拋棄感後，她會有意識地去驗證這一點。堅信自己沒人愛又無比渴望愛的愛君，開始用挑剔的眼光去尋找自己不被愛的證據。儘管父母兄妹是愛自己的，但這些童年經歷讓她形成了匱乏的自我認知。

結婚後，她屢次質問丈夫：「你究竟愛不愛我？」如果丈夫說：「我都跟你結婚了，我怎麼會不愛你？」她就會進一步問：「既然愛我，你為什麼……？」從各種細節來找尋丈夫不愛自己的證據，列舉對方種種不愛自己的表現。她甚至渴望如果丈夫有外遇，被她抓到就好了，那就能證明她的猜想是對的了。正因為自己內心匱乏的自我認知，使得愛君總會「杜撰」他人的評價。她能夠因為丈夫一句「侮辱」的話而怨恨丈夫三十年，正是因為這點——內在太匱乏，才會扭曲自己所感知到的世界。

經過婚姻諮商，愛君猛然發現真相，她一直覺得自己「沒人愛」，而無視丈夫對她的愛。丈夫表達愛的方式是默默地做事。三十年來，雖然愛君一直對丈夫充滿指責和挑剔，但丈夫依舊不願意離婚。在她住院期間，丈夫也是無微不至地陪伴左右、悉心照料。她對丈夫行動上的愛視而不見，卻努力去捕捉自己被忽視、不被愛的細枝末節。

在親密關係的溝通中，有三個致命點要切記：一不傷自尊，二不羞辱，三不增加焦慮。這三點分分鐘都會令關係破裂。愛君一直沒有撕掉那個羞辱的標籤，不善言辭的丈夫「羞辱」了妻子又毫無覺知，更不知道怎麼「補鍋」，雙方都不懂得主動溝通，才導致三十年本可以幸福的時光白白流逝。愛君也因為「母豬」這一句看似不經意的評價而激發出自己深層的「沒人愛」的信念，自我懲罰了三十年。

在生活中，我們經常盲目地為他人貼標籤，因為人往往都傲慢地認為自己所認知的世界就是世界的全部。我們的心裡住著一位「大法官」，總用自己的標準為自己和別人亂貼標籤。我們活在一個互相貼標籤的世界裡，標籤和想法越多，所看見的事實就會越少。

王陽明心學的「四句教」總結出了所有善惡的本質：

無善無噁心之體，

有善有惡意之動。

知善知惡是良知，

為善去惡是格物。

你抱持的想法或感受只是一個觀點，而非絕對的真相。事實就是發生的事件，而感受和想法呢？是我們內心世界的演繹，其實已經不是事實。

有些人因為做錯了一些事有挫敗感，這是感受。旁觀者都知道，他的狀況沒有他感受的那麼糟糕。莎士比亞說過：「外面的事物是中立的，是我們的思想決定了好與壞。」

所以釐清事實、感受和想法，我們才能如如不動，安住於心。我想起魯斯・貝本梅爾的這首詩：

我從未見過懶惰的人。
有人有時在下午睡覺，
在雨天不出門，
但他不是個懶惰的人。
請在說我胡言亂語之前，
想一想，他是個懶惰的人，還是
他的行為被我們稱為「懶惰」？

我從未見過愚蠢的孩子。
我見過有個孩子有時做的事，
我不理解或不聽從我的吩咐，
但他不是愚蠢的孩子。

請在你說他愚蠢之前，
想一想，他是個愚蠢的孩子，還是
他懂的事情與你不一樣？

我使勁看了看，
但從未看到廚師，
我看到有個人把食物調配在一起，
打開了火，
看著炒菜的爐子——
我看到這些但沒有看到廚師。
告訴我，當你看到的時候，
你看到的是廚師，還是
有個人做的事情被我們稱為烹飪？

我們說有的人懶惰，
另一些人說他們與世無爭。
我們說有的人愚蠢，
另一些人說他認知不同。

因此，我得出結論，
如果不把事實
和意見混為一談，
我們將不再困惑。
因為你可能無所謂，我也想說：
這只是我的意見。

陳以侃在《在別人的句子裡》說道：「大多數人都是『別人』，他們的想法是別人的意見。」

要成為自己，首先要自我確認和自我認可，摘掉標籤是改變我們對自己看法的第一步。覺察到他人用他的想法為你貼了標籤，識別出他人對你的定義和評判，區分出事實和想法，才能用中立的眼光看待事情，而不至於被情緒的野馬帶跑。

伴侶之間不要輕易貼標籤，更不要為自己貼標籤。當你為自己貼上那些負面的標籤時，你會一直活在你所貼標籤的世界中。你對世人、對自己最大的慈悲，就是不為任何人貼標籤、下定義。每天都以全新的、好奇的態度去面對你身邊的所有人。

如果我們同意別人的標籤，那就是認同，認同沒有好壞，只是一種現象和一種選擇。**但是你有權利選擇同意或不同意。**特別是在面對別人的誤會、羞辱、指責的時候，你心裡可以反覆自問：「這是真的嗎？這是事實還是想法？」相信你會慢慢從捲入的狀態中抽離出來。「走自己的路，讓別人去說吧！」每個人穿著不同的鞋，走著不同的路，別人又怎麼能理解你的世界呢？因此，**摘掉負面標籤是覺知和智慧的表現：沒有我的允許，誰也無法傷害我。**

探索練習

請寫下你曾經被貼上過的負面標籤，它們對你帶來什麼影響？你是否能摘掉這些標籤？

請回顧你爲伴侶貼過的標籤，這些標籤是如何影響你們的關係的？

請回看你在本書開頭寫下的問題，問題裡是否有對自己或別人的標籤？

3. 滋養愛與婚姻的三大營養

親密關係最終的問題都不是外界的，不是孩子、不是生活壓力、不是家庭瑣事，本質是彼此缺失了情感連結和內在需求的回應。

越來越多的來訪者訴說自己或伴侶「愛無能」，也就是不知道什麼是愛，也不知道怎麼愛一個人。事實是，**很多人含著奶嘴就進入了婚姻。因爲在進入婚姻時，很多人的內心依然有太多未被滿足的渴望和需求。**

在愛的需求上，很多成年人都是嗷嗷待哺的孩子。

故此，建立一段關係就像種下一粒種子。如果沒有陽光、空氣和水，這粒種子就無法茁壯成長。營養不夠，關係就不會健康；沒有營養的關係，再努力也是白費心機。如果能在關係裡持續滿足愛的渴求，這段關係必定琴瑟和鳴。反之，當這段關係營養匱乏，需求得不到滿足的時候，關係就會有衝突分歧。

但所有的衝突和分歧的本質都是心理營養匱乏而產生的癥結。沒有感情營養的滋潤，關係就會日漸乾涸。因此瞭解如何愛一個人是一切智慧的根源。那麼幸福的關係需要什麼營養滋養呢？

營養一：安全感

一段良好的關係，首先要有安全感。在感覺安全的關係裡，我們是被接納的，沒有擔心，只有信任和放鬆。在安全的環境裡，我們既可以自得其樂，也可以緊密連結，無論怎樣都可以無拘無束。缺乏安全感的關係會互不信任，小心翼翼，令人窒息，想要逃離。要創造安全的環境，伴侶之間需要注意以下幾點：

第一，保持情緒穩定。

索達吉堪布說過這樣一段話：有些人的情緒就像春天的天氣，時而晴空萬里，時而烏雲密布。一個小小的因緣，就可以讓他高興不已或痛苦萬分，為周圍的人帶來諸多不便。記得《修心七要》云：「不喜怒無常。」所以我們應當保持穩重的人格，給身邊的人一種「安全感」。

如果我們早期在原生家庭無法獲得安全感，長大後會有很多擔心和焦慮，對未來沒有信心。如果攜帶在身體和記憶中的傷害、情緒、遺憾沒有被療癒，就會投射給伴侶，就像小月和江之前的狀態。如果伴侶的一方經常處於焦慮狀態中，很難心平氣和，他會經常擔心這擔心那，懷疑這懷疑那，情緒容易失控，另一方就會覺得很煩，沒有安全感，對這段關係也沒有信心，因為他不知道自己的伴侶什麼時候會情緒爆發。

第二，無條件接納。

馬家輝是香港的評論家，愛寫小文章，愛說小段子，似乎也很有正義感。他有個好太太，名叫張家瑜。看過張家瑜的相片，非常溫柔和善，但骨子裡卻有股獨立思考的獨特氣質。

有一次，在張家瑜新書的講座上，有人問她：「馬家輝在『鏘鏘三人行』上對女嘉賓說婚姻愛情生活的各種段子，回家會不會被罰跪？」張家瑜笑著說：「我一直覺得，人應該有言論免於恐懼的自由。」

你能有意識地知道你的伴侶是一個獨立的人，知道他（她）不是你的爸爸或媽媽；你不會拿你完美的「夢中情人」來要求現實中的伴侶；你總能感受到對方好的地方，或者允許對方有自己的自由和選擇，對方便能獲得安全感。如果關係裡你看我不順眼，我看你不順眼，雙方無法接受彼此，肯定衝突四起，家成為戰場。

第三，獨立自主。

錢鐘書和楊絳的愛情令人羨慕。但很多人都特別讚嘆楊絳展現的非常成熟的婚姻態度：「跟你一起時以情相繫，分開時獨立自主。」

劉若英和鍾石結婚後，在裝修新房時，鍾石在家裡設置了兩個書房。他在他的空間裡做事講話，她不受影響。她也在她的空間裡潛心沉思，寫稿看書。他們分別在自己的小空間裡獨立，在共同的大房子裡愛著彼此。他們愛對方愛得透澈且聰明，而且成了有名的模範夫妻。

有人問兩口子的幸福祕訣，劉若英說：「再愛一個人也不要沒了自己，再好的關係也要有相對獨立的空間，因為寬鬆而舒適，因為自由而獨立，因為尊重對方獨處的權利而愛得更深。」

想想，哪怕再親密的夫妻，也需要各自獨立的空間。

獨立自主是在成熟的人格基礎之上發展出來的。心智成熟的人，會為自己負責。

有些人誤認為結了婚他就是我的，他要為我負責任，如果我有什麼不開心，都是他沒有照顧好我，這是一種依賴情結，一種不成熟的心智模式。「愛情應該給人一種自由感，而不是囚禁感。」作家勞倫斯說。如果你有能力照顧自己的喜怒哀樂，而不是把自己的喜怒哀樂交給對方，那麼對方就不會有壓力。

♥營養二：價值感

心理學家羅蘭總結親密關係滿足的祕訣：「第一欣賞你的伴侶；第二表達你的感激；第三重複上述兩步。」充分的欣賞和感激讓對方感覺有足夠的價值感，自我價值感高的人會變得自信及充滿力量和希望。如果關係裡面其中一個人得不到認同，價值感就會特別低，這段關係就會變得枯竭。

有婚姻專家做過調查，七十四%的男士表示：我寧願娶一位尊重我但我不愛的妻子，也不願娶一個我愛但是不尊重我的妻子。

可見男人對受尊重看得有多麼重要。雙方的價值感來自對彼此的欣賞和認同。如果伴侶願意去欣賞另一半，並且用語言和行動表達出來：「能遇到你真的很好，你真的很重要……」那麼被肯定的伴侶就會認為：他需要我，在他眼裡我是好的，我值得被愛。因此他對這段關係就會充滿自信，並願意用積極的行動回饋對方。所以，好的關係是互相激勵、互相成就。

反之，如果伴侶之間經常互相否定和挑剌，那伴侶就會覺得在這段關係裡得不到認同，感到沮喪和挫敗，對關係也會感到失望。陳道明在電視劇《中國式離婚》裡和執意要離婚的妻子有這樣一段對白：

「你知道男人最忌諱什麼嗎？最忌諱女人看不起他。」

「我沒有。我是恨鐵不成鋼，是激將法。」

「這個尤其要不得，激將法。尤其在夫妻之間，這種方法要不得。」

若要指責，總能挑出毛病；若要認可，總能找到對方的價值點。關鍵是，你要建立什麼品質的關係？這樣的方式是否可以幫助你建立你想要的關係？

有一個男生上過我的課，回去學以致用，取得令他難以置信的效果。他說太太平時很強勢，所以他平時儘量不吭聲。但是上完課之後，他回家和太太說：「老婆，我在家裡帶半天孩子都辛苦得不得了，你天天帶孩子太難了。我在想，如果沒有你，這個家怎麼辦啊？」他老婆聽了反倒說：「你天天在外面談業務也很不容易啊！這些你就不用管了。」而且他發現太太帶孩子越來越有耐心，對他也越來越溫柔。如果你希望伴侶更愛你，那就每天找機會告訴他，他有多好，而不是證明你自己有多好！

♥營養三：重視感

重視感的意思是：在你的生命中，我很重要，你很在乎我。如果在一個人脆弱的時候，能想起某個人，突然間內心就充滿了力量和希望，那麼這個人平時一定給了他很多的溫暖和重視感。我們可以把這個人稱為重要他人。

一位四十多歲的太太來找我，說對婚姻很絕望。在和她溝通的過程中，有一段話給我的印象特別深刻。

她說：「我和他都是非常有家庭責任感的人，這一點我對他特別認可。但是，雖然我看起來很能幹，但我畢竟也是個女人，也會有脆弱的時候，我也希望被呵護。但他會經常說，你都四十多歲了，難道這點情緒不該自己處理嗎？每當他這樣說的時候，我就會失控、憤怒，內心有很多委屈。但最後得到的還是更多的委屈。」

這位女士的絕望來自婚姻中沒有得到丈夫在情感上的理解和重視。理性的丈夫缺乏共情能力，簡單地說就是缺乏體驗妻子內心情感的能力。在前文提到良好的傾聽、共情和無條件的積極關注，可以幫助我們更好地瞭解對方，走進對方的內心世界，滿足對方被接納、被理解、被認可、被尊重的渴望。

從梁朝偉和劉嘉玲的一段訪談中，我們可以看出他們對彼此的無條件接納和信任，在乎對方又給予對方足夠的空間和自由，這樣的關係有足夠的心理營養。

主持人問梁朝偉：「為什麼確定娶劉嘉玲？」梁朝偉毫不猶豫地回答說：「她一直支持我，無論我們多久不能見面，即使我和別人有很多親熱戲，她也無所謂，所以我確定一定要娶她。」梁朝偉從出道開始，身邊出色的女星就不少，很難讓人有安全感。

當記者問劉嘉玲：是否介意梁朝偉的花邊新聞？劉嘉玲自信滿滿地回答：「不介意，因為他是演員。」正因為如此理解，才會給對方絕對的自由，才會讓梁朝偉可以出演自己喜歡的角色。

在劉嘉玲遭遇人生最大危機時，梁朝偉一直不離不棄。他甚至說：「這個圈子這麼複雜，我們離開吧，你想去哪裡，我就陪你去哪裡。」這就是建立在彼此充分信任的基礎上發展出來的美好愛情。

在婚姻關係中，男人要的是感激、欣賞、崇拜，這個靠嘴巴就可以完成；女人要的是安全感、重視和愛。面對差異，夫妻關係最美好最動人的就是彼此顧念。彼此顧念就是：這不是我要的，但今天我知道了這是你想要的，我不問為什麼，我知道了就願意為你做。這不是要你什麼都做，而是為滿足對方心中最深層的渴望而做。丈夫看見妻子未滿足的渴望，妻子看見丈夫未滿足的渴望。而且要告訴彼此：原來他對你非常重要，你非常欣賞他的能力和為家庭的付出。

探索練習

評估你要改善的這段關係裡，你給對方的安全感、價值感和重視感有多少分？

制定一個改善方案。

4. 告別婚姻中的假想敵

沐跟母親、父親一起找我做家庭個案輔導。沐的母親是一個女強人，有著不服輸的性格。母親的童年經歷很坎坷，從小就失去了雙親，自己與弟弟妹妹被親戚收養。身為大姐的母親主動承擔起照顧弟弟妹妹的責任，因此很好強、不服輸。父親也是原生家庭中的長子，從小很好強。於是，女強人與男強人結合，針尖對麥芒。

這導致在沐成長的前二十幾年裡，父母沒少鬧矛盾。母親因為年幼失去父母，心靈深處有著極大的創傷，雖然外表堅強，但是事實上母親內心非常敏感，有著強烈的被遺棄感、恐懼和焦慮。儘管父母爭吵時雙方都有做得不恰當的地方，但是母親的敏感、不安，以及思維上愛鑽牛角尖，使她放大父親的「敵意」和「惡意」，最終導致矛盾升級。

母親的這種內心創傷不僅沒被父親看到，連身為兒子的沐也忽視了母親的內心創傷。根據沐的回憶，每次和母親鬧矛盾的時候，彼此都充滿怨言，沐抱怨母親太敏感、太多事，而母親則抱怨兒子和丈夫不理解、體諒自己。沐厭煩母親的敏感多疑和無理取鬧，盼著自己長大後遠離家庭。

後來，父母矛盾升級，提出想要離婚。這讓沐變得敏感、無助，只要家裡有稍微大一點的聲音，比如父親的咳嗽聲、碗落在桌子上的響聲、櫃子門撞擊櫃體的聲音，他就會想父母是不是又吵架了，會不會真的離婚了。這時候的沐甚至出現憂鬱傾向，狀態非常低落，無法安心工作，也擔心父母單獨相處會產生矛盾，更恐懼戀愛和婚姻。正因為兒子這種糟糕的變化，讓父母有所顧忌，前來諮商。

透過初步瞭解，我想先輔導母親解開多年的心結。母親心靈深處有強烈的恐懼和焦慮感，童年經歷所留下的被遺棄的創傷不斷影響著她的性格及對外界的應對模式。透過腳本重塑，母親終於卸下了盔甲，包裹多年的委屈化作了眼淚。父親也哭了，他忍不住衝過去抱住母親。沐也忍不住跟父母抱在一起。

母親潛意識的情緒得到有效轉化，整個人輕鬆了許多，而當父親和兒子看到母親情緒下的冰山時，他們也會努力學會更和諧的相處溝通方式，整個家庭的氣氛就發生了翻天覆地的變化。

後來，沐傳簡訊給我回饋：

讓我印象最深刻的是，就在個案結束後，第二天我們去西湖旅遊。在某個瞬間，我母親突然就很自然地挽住了我父親的手臂，臉上是很放鬆很幸福的笑容。雖然不像年輕情侶那樣你儂我儂的，但在我二十多年的記憶裡，以前從未見到他們這樣甜蜜的時刻。當時看到這幅畫面，我內心也感到前所未有的踏實，再也沒有一絲的焦慮。當時我就這麼看著他們，心甘情願地吃了一把狗糧。隨後母親也把我拉到身邊挽著我，我記得很清楚，她很高興地說了一句話：「左邊挽著老帥哥，右邊挽著小帥哥。」看到母親快樂，作為兒子真的很為她高興。雖然我要經常出差，但已經不用再擔心父母發生口角，因為即便有，他們自己也能很快調整好。現在我也有了對象，相信在不久的未來，我也可以享受婚姻帶給我的幸福。

有兩種常見心理創傷，第一種稱為遺棄創傷。遺棄創傷常常來自童年沒有得到恰當的保護、照顧、擁抱、重視及支持。比如沐的母親，她的經歷使她心理上極度害怕被獨自留下或者被忽視。但為了成長，她把這些傷痛和恐懼埋藏起來，使自己看起來非常堅強。

然而，沐的母親在童年時留下的被遺棄感，使她內心產生了強烈的期待：希望有一個人能全心全意地呵護著她，最好是一刻不離地保護她。因此，當她進入親密關係時，內心壓抑的渴望被再度喚醒，也喚起了她曾經所有的恐懼。因為她害怕被遺棄，所以總是想要更靠近和更安全。如果丈夫經常出差或忙於應酬工作無法陪伴她，她就會很難過，會有各種猜疑和不安。

所以，沐的母親小時候為了生存，鍛煉了她的堅強和能幹，但進入親密關係後卻變成了感情的依賴者。依賴者有一種偏見，總是在掃描恐懼——我是唯一的嗎？我就想知道，我是不是他的唯一，你到底愛不愛我。他們會有各種懷疑，樹立各種「假想敵」，因為小時候有太多不安全，所以總是在掃描不安全。這就是內心創傷的投射。

第二種叫吞沒性創傷。他們害怕被他人控制和侵犯他的自由。這種創傷通常是童年時父母在情感上過於依賴孩子或者對孩子過度照顧。這種狀態下，孩子會被吞沒，沒有自我。比如說進他的房間不敲門；他做的一切都要經過大人的容許；當大人情緒上來的時候，憤怒的情緒完全就把他吞掉了；他不喜歡吃什麼，大人卻認為那個東西好，非強迫他吃。這種強制性的模式就是整個世界照顧者為「大」，那個小孩很「小」，你的「大」就把他的「小」給吞沒掉了。再舉一個比較普遍的例子：當一個孩子遲到了，老師要他站在門口。孩子剛開始站在門口的時候，自我感還在他的身體裡，但是如果老師說：「誰准你遲到的？你已經遲到多少次了？你給我站到那裡！」全班同學都看著他時，他的自我感、存在感就開始在他的身體裡面越來越小，越來越小，然後就沒了。這時他的身體裡存在著什麼呢？這時老師就變得無比地大，遲到的恐懼感和羞辱感就變得無比地大，而他的生命裡自我的那部分卻消失了，留下的就是權威和恐懼，對情景的恐懼。在心理學中，自我感消失被認為是最可怕的。

有過吞沒創傷的人在關係上容易走向極端，會進入反依賴的角色。他們需要對方，但不想太親近，一旦太親近，他們就會有壓迫感，潛意識把對方想像成壓迫他的假想敵。他們更傾向於既「在掌控之中」，又有各自獨立空間的親密關係。

就像沐的父親，之所以「在家的時間越來越少」，因為他需要空間，他害怕被妻子控制和侵犯他的自由。但是他又不想感到孤獨，所以他希望尋找到與伴侶間的最佳距離，在這個距離中感到被愛但不會迷失，且不會被愛所窒息。

探索練習

被遺棄或者被吞沒的創傷每個人都會有，只是深淺不同。覺察你內在的這些創傷是如何投射到關係裡面的。

5. 建立界限，走出令人窒息的依賴情結

當戀愛中感覺到安全時，我們內心所有未被滿足的期待都會跳出來，所有壓抑的情緒都會跑出來，很容易迷失在猜測與患得患失中。我們可以看到兩種保護形式：一種形式是依賴，另一種是相反的一面——反依賴。當然一個人往往會同時擁有這兩種人格，會依據對方的反應不斷地切換。有過遺棄創傷的人經常扮演著依賴者的角色，關注著伴侶是如何未給予他們足夠的愛、時間、關注等。他們常常是無意識地趨於苛求、讓人窒息及變得有操縱欲來試圖得到他們所需要的關愛。受過吞沒創傷的人通常就進入了反依賴的角色，逃避這種令其窒息的掌控。然而，這兩種人格卻不可避免地會在關係上互相吸引。

小莉和阿剛就是這樣一對戀人。小莉幾乎把所有精力都聚焦在阿剛身上，而阿剛只有將小部分精力放到小莉身上，大部分精力放在其他地方。

阿剛在關係以外有很多興趣，他需要自由，需要空間，需要獨處的時間，需要有空間去做自己的事情。小莉很黏人，沒有什麼界限感。這讓阿剛非常不舒服，甚至覺得小莉過度的依賴是一種負擔，但他又很難對小莉說不，因為他覺得自己得負責。

所以，阿剛很矛盾，他需要感情，但又擔心被困住，就像被困在美好的監獄裡。他會擔心，如果跟小莉太親密，就必須花時間照顧她，這樣他就沒有自己的時間和自由。

阿剛很希望做自己想做的事情。所以他進入這段愛情，只能有限地進入，因為他害怕如果進入太深，就會沒有自我。

小莉錯誤地認為：自己已經「擁有」了阿剛，「他是屬於我的」。她很自然地以為自己可以向阿剛提出諸多要求，這份壓力會使阿剛產生窒息感，於是內心深處產生反抗的動力，每當氣憤時便會用抗拒的語言和態度捍衛自己的界限。阿剛的情緒越來越強，又不想和女友爭吵浪費時間，直接就把情緒凍結了，顯得有些冷漠。小莉感覺到被冷落時，內心生出深深的無力感，這種無力感會使她錯誤地以為需要加強控制對方的力量，結果阿剛就更懼怕被吞沒，所以逃避得更厲害。這樣發展下去，兩個人的關係必將越來越緊張。

在這段關係裡，小莉作為依賴者的力量總比反依賴的阿剛力量小，所以常常是阿剛在控制關係，決定這段關係的親密度，而這會讓沒有安全感的小莉抓狂和憤怒，以至於可以完全失控。

小莉之所以如此依戀阿剛，是因為被遺棄的深刻傷痛轉變成想要緊緊抓住另一個人的野蠻力量。這種表面的纏綿依戀和高度警惕下，隱藏了一種害怕被拋棄而變得神經質的焦慮不安。阿剛曾經體驗到的所謂愛，常常是控制、吞沒、過度保護。

要改變這段關係，兩個人都要學習自我成長。首先依賴者**要發展出獨立自主的人格，建立內在的安全感，意識到一個人不能控制另一個人，尊重每個人的界限，給予伴侶獨立的空間和自由。反依賴者也要學會有效溝通，建立界限不等於冷漠。真誠地告訴對方自己的感受和需求，增加面對衝突的智慧和勇氣。**這樣，彼此就會透過關係共同成長。

有人說，婚姻中的兩個人就像冬天彼此依偎的刺蝟，由於怕冷，才會緊緊靠近對方，但是又害怕被對方身上的刺扎疼，所以總是若即若離。

在情感關係中，**愛與需要是兩回事。需要甚至是愛的反面**。在情感關係中，最累的常常是我需要你按照我的方式對待我，我需要你，我想要你，所以把對方硬拉到身邊。

一個即將出嫁的女孩問她的母親，婚後應該怎樣把握愛情？她的母親從地上捧起一把沙子，女孩看見沙子在母親的手裡圓圓滿滿的，沒有一點流失，沒有一點撒落。母親突然用力把雙手握緊，沙子立刻從母親的指縫間流下來，等母親張開手的時候，手裡的沙子已經所剩無幾了。母親是想告訴女兒：**在生活中那些缺乏智慧的女子，總喜歡把男人當沙子，握得越緊流得越多。有智慧的女子，把男人當風箏，悠然地牽著手中的線**。越是想緊緊抓住自己的愛情，反而會容易失去自我，失去原則，失去彼此之間本來應該保持的寬容和諒解，愛情也會因此變得毫無美感。

探索練習

花一點時間檢視你在關係中的慣性模式。你在關係中扮演的是依賴者還是反依賴者？還是兩者在交替轉換？

6. 用對愛語表對情

婚姻普遍都經過這樣的歷程：在結婚前，一切都很美好，可是不知道為什麼，結婚之後卻越來越走樣，彼此變得越來越冷淡。很多人認為這就是婚姻的常態，但我在多年的婚姻諮商工作中發現，很多伴侶並不是不愛對方，而是用錯了方式，也就是「表錯了情」，因為在對方的眼裡那些方式根本不是愛。

每次講兩性親密關係的課程，我都會提到美國的婚戀輔導專家蓋瑞．巧門博士總結出來的「愛的五種語言」。這五種愛的語言就是：

一、肯定的言詞。多用欣賞、鼓勵、溫柔的表達方式，重點是讓對方感到溫暖、被感動或被激勵。溝通的意義在於對方的回應，對方是否能感受到你的愛，關鍵要看對方聽完你的話之後的反應。

二、精心時刻。這裡指的不只是簡單的在一起，重點是注意力始終在對方身上，比如放下工作、手機，全身心地陪伴，聆聽伴侶的心裡話。進行家庭活動，比如散步、帶孩子玩、野餐、購物等。

三、接受禮物。記住重要的日子，比如結婚紀念日、對方生日，或者出差時為對方精心選一份禮物。當然「你的出現」也可以作為一份厚禮。

四、服務的行動。做對方需要你幫忙做的事，借著替對方做事來表達對他的愛，比如分擔家務、買東西等。

五、身體的接觸。身體的觸摸可以傳達愛或者恨。表達愛的方式可以是牽手、擁抱、撫觸、接吻、做愛等身體方面的接觸。

在課堂上，我會一邊講解，一邊與現場的學員互動，邀請大家舉手回應哪一種愛的語言對自己最重要。如果伴侶在場，我會特別留意他們的區別。我發現很有趣的是，比較少夫妻雙方有共同的愛語。大多數伴侶表示有不同的傾向，有人覺得「肯定的言詞」很重要，需要對方明確地用語言告訴自己是被欣賞或被愛的，另一方卻表示說很肉麻，而且表示對「花言巧語」反感。一些人則認為雖然自己也覺得「肯定的言詞」重要，但是實在說不出口，很難為情，他們認為行動最實際，愛就是付出，為所愛的人做點實際的事情，但另一方卻不認帳，認為做事不是愛，你不做可以找其他人做。有人認為禮物重要，但另一方卻認為浪費錢。有人認為愛就是深情的陪伴，另一方卻說兩個人你看著我，我看著你，很無聊……

每次現場都會因為伴侶間這些差異性的見解笑聲不斷，這個發現確實很有趣也很重要。如果另一半不瞭解甚至不認同我們所表達的愛語，我們確實會很受挫。我們在表達愛，但對方卻感受不到愛，甚至是對方不喜歡的方式，對方就會懷疑是不是不愛自己。有些人瞭解了對方的愛語後卻表示很為難，比如有位太太抱怨丈夫從來沒有說過一句「我愛你」，我現場問丈夫願不願意說，這位丈夫在大家鼓勵下多次欲言又止，最後憋得滿臉通紅還是沒有說出來。他說：「這不是廢話嗎？我不愛你怎麼會娶你？你要我做什麼都可以，但這三個字實在說不出口。」你會發現對理性的男人來說，表達柔情蜜意比登天還難。

最有意思的是，每次我解釋「身體的接觸」這一愛語時，我發現男性的反應特別開心，好像終於有人幫他們說出心裡話了，而女性則會表示尷尬，因為她們會比較羞於提到「性」話題。

有一些男性表示，每次碰妻子的身體，妻子都表示厭煩，甚至把他們推開，妻子「性冷淡」的表現，讓他們感到很痛苦。妻子們的回應是：丈夫一天到晚在外面忙，很少陪伴家人，回來只管吃飯睡覺，壓根不知道妻子在家忙裡忙外的辛勞，更不會有暖心話。面對丈夫在床上的要求，她們的理由是身體已經很累，加上心裡不爽，所以就會厭煩。

隨著生活節奏越來越快，「性生活不和諧」的現象越來越普遍。我經常看到兩個好人在一起，卻無法獲得幸福，這是很令人心痛的事情。中國有不少女性排斥「性愛」，一個原因是和「性」的羞恥感有關；另一個更深層的原因是跟童年經歷有關，比如原生家庭有重男輕女思想，或經常被打，或父母很少擁抱撫摸孩子，長大後，她們的潛意識裡對身體接觸會有排斥感甚至厭惡感。

對有過這些童年傷害的女性來說，「肯定的言詞」、「精心時刻」或丈夫的「服務的行動」可能就變得更重要了。妻子感覺到丈夫的溫暖和愛意後，傷口就會逐漸得到療癒。一位妻子說得很直接：「如果你的丈夫不愛你，即使擁有金山銀山又有什麼用？丈夫整天對你不理不睬，竟然還要跟他上床，你不覺得很厭煩嗎？」這句話背後的意思是：如果丈夫花點心思陪伴我，和我聊聊天，我就能感受到愛。其實妻子並不是厭惡性生活，她只是渴望得到丈夫的愛。相比偏於理性的男性，女性更在乎「感覺」，在有「感覺」的前提下才能愉悅地接受性愛，沒有「感覺」的性愛就變成了被索取，她會抵觸或只是在應付，而不是愉悅地接受。

當然具體情況還是因人而異的。我接觸過一位中年事業型的女士，她很反感他先生「一把年紀還老是想要（性生活）」。後來我瞭解她的丈夫是一個很細心的男人，做得一手好菜，而且帥氣又有才。可是在太太眼裡這些都不值一提，她只希望丈夫實際一點，「有本事就多賺錢」，這樣她才會覺得丈夫是愛她的。當然，她這樣的評價讓丈夫感到挺挫敗，丈夫的付出不但沒有得到欣賞和認可，還換來打擊。他說：性生活是夫妻之間最重要的部分，如果連這個最基本的需求都得不到滿足，他覺得人生根本沒有樂趣，也沒有了動力。

當然，隨著女性越來越獨立自主，不少女性認為錢並不是最重要的，錢和物質都是身外之物，她們更希望丈夫可以平衡花在事業上與家庭中的時間，抽時間陪陪孩子，重點是可以放下手機，全身心地投入，而不是人在心不在。一家人其樂融融的氛圍會讓她們感覺很溫暖。

看到這裡，相信大家都會明白，婚姻裡只有愛還不夠，還要有智慧地愛。只有理解對方愛的語言，我們才能有智慧地在對方的情感帳戶裡「存款」，對方才會有被愛的感受。中國有句老話：**「沒有關係，就什麼都有關係；有了關係，就什麼都沒關係。」**事實也證明，如果我們能有效地向情感愛箱裡存款，建立關係的安全感，就能更有效地處理衝突，發展夢寐以求的親密情感。

探索練習

透過觀察或溝通，瞭解彼此的愛語，並制訂為情感帳戶「存款」的計畫。

7. 性和諧，深度調節感情的溫度

能夠造成兩個人之間感情破裂的原因有很多。不過不少人還是把性放在了第一位。

性在婚姻中到底有多重要？儘管每對夫妻對這個問題的回答是不一樣的，但整體來說，和諧的性生活可以深度調節感情的溫度。

性生活雖然不是婚姻的全部，卻是婚姻不可缺少的一部分。在婚姻裡最大的挑戰就是女人不瞭解男人的性需求，而瞭解的女人卻不懂關心男人的性需求。對一個健康的男人來說，最大的滿足是心理和情緒上的，他們會覺得自己的愛人在性生活中獲得享受的愉悅很重要，可以證明自己有能力讓愛人得到滿足。這會讓他們在心理和情緒上獲得極大的滿足感，因為這讓他們覺得自己是個真正的男人。

在婚姻中，水乳交融一樣的性生活會增進彼此的感情，讓彼此的相處更和諧。

現在越來越多的夫妻離婚的原因是不和諧的性生活。性是連接男女心靈的橋樑，和諧的性生活令彼此產生了很深的情感，留下了不可磨滅的印記。羅洛．梅在他的經典著作《愛與意志》中把性愛描述為「可以想像出來的、最有力的體現連結的方式。」

性生活和諧，也會讓伴侶更忠誠，會讓彼此越來越在意對方。假如夫妻的性生活不是那麼和諧了，最容易出現的問題就是第三者加入，這也是破壞家庭的罪魁禍首。如果夫妻兩個人如膠似漆，感情固若金湯，那麼小三、小四想入侵也是不可能的，因為和諧的性生活就是抵擋他們最佳的「尚方寶劍」。

有科學研究表明，性生活還可以治療失眠多夢，讓女人的心情更加愉悅，而長期擁有和諧性生活的女人皮膚光滑細嫩，氣色就如盛開的玫瑰一樣紅潤，比那些性生活不是很和諧的女人看起來更年輕，更韻味十足。優質的性生活會讓男人精力更加充沛，而且還能讓男人的脾氣更加溫和。

兩個人的肉體和心靈都在一起了，自然這個家就會充滿溫馨和愛，不管做什麼，夫妻同心，事業更容易成功。

所以不要小看性生活，唯有優質的性生活才可以讓家更加完美，夫妻感情更和諧。畢竟組成一個家庭很不容易，如果雙方對彼此的性能力不是特別滿意，就要坦誠地溝通和交流，而不要選擇分房而睡，因為那樣只會讓兩個人的心越來越遠，對你們的婚姻造成致命的打擊。

和諧的性生活，要注意做到「三要三不要」：

一、要有情趣。

羅曼蒂克的氣氛有助於醞釀情緒，幫助大家更好進入狀態。比如手機要靜音，播放大家喜歡的有情調的背景音樂，妻子可以穿著性感的內衣。丈夫前戲階段要有足夠的耐心。一些夫妻重性愛輕情愛，如果男人過於單刀直入，忽略女人需要愛撫喚醒性欲，結果是女人性愛體驗較差。在性生活中，男人要高度重視對伴侶的愛撫，否則久而久之，伴侶會出現性冷淡。

二、要用心投入當下的體驗。

在做愛的過程中，應該帶著感受和激情融入性愛之中，全然享受當下，感受對方的想法，溫柔地告訴對方自己的感受，雙方積極配合創造出觸及靈魂的性愛體驗。性愛的過程不僅是簡單的釋放，還有兩個靈魂的瞬間融合，這才是終極的親密感。

三、要及時肯定。

不回應其實是間接的否定，對方不知道做得好不好。所以當對方的行為令你有感覺的時候，你要及時感激並做出肯定的回應，肯定的話語可以令對方更加放鬆並投入，雙方超越身體的吸引而進入心靈深處的結合。

性生活中切忌以下三點：

一、不要在性生活時想著其他話題。

一邊做愛一邊想著其他事情，這時候身心是失聯的狀態，你們的身體在一起，但是心並沒有，親密也就無從談起了。所以即便是很豐富的性愛動作，如果心靈沒有連結，結果也不會讓人滿意。

二、不要以性生活作爲交換條件。

有些女人把性生活當成一種籌碼，丈夫想過性生活得談點條件。她們沒有想到這種有條件的愛會令對方感受不到你真正的愛意，以至於失去心靈的連結。男人剛開始可能會答應，一旦女人習以為常，男人就會逐漸失去熱情，要嘛有意迴避性生活，要嘛到外面尋找刺激。

三、不要打擊對方，更不能嘲笑和羞辱。

千萬不要嘲笑對方的身材！當對方沒有進入理想狀態的時候，千萬不要否定打擊，特別是男人！否定男人的性能力等於殺了他！他會找機會去證明自己是可以的，所以你的羞辱等於把他從你身邊推開，把機會給了別的女人。

男女在一起的時候，缺少了性就會變得寸步難行，甚至想要逃離彼此。這不是彼此不夠相愛，而是彼此在反抗自然規律，性是人的本性，需要順其自然。多關注對方的想法，不要讓性成為彼此最難以逾越的障礙！

探索練習

在性生活中有一些誤解嗎？和你的伴侶探討一下，瞭解雙方在性生活方面的需求，並爲提升彼此的滿意度做一些努力。

8. 出現婚外情還可以挽救嗎？

美國耶魯大學心理學家史坦伯格提出的愛情理論，認為愛情由三個基本成分組成：激情、親密和承諾。

激情是性欲成分，是情緒上的著迷。個人外表和內在的魅力是影響激情的重要因素。

親密是情感的交流和溫暖體驗，是兩個人心理上互相喜歡的感覺，包括對愛人的讚賞、照顧。

承諾是對關係的付出和責任，是愛情中最理性的部分，見下頁的圖。

史坦伯格把這三個部分解構成了喜歡式愛情、空洞式愛情、迷戀式愛情、浪漫式愛情、友伴式愛情、愚蠢式愛情、完美的愛情七種狀態。

一、喜歡式愛情

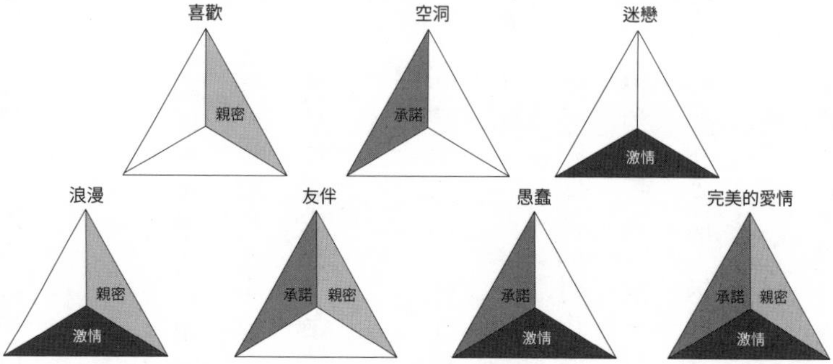

史坦伯格的愛情理論

這種關係只有親密。彼此在一起感覺很舒服，也很信任，但是覺得缺少激情，也不一定願意廝守終生。沒有激情和承諾，純粹的知己朋友。顯然，友誼並不是愛情，喜歡並不等於愛情。就如奧黛麗・赫本和紀梵希是無話不談的好朋友，赫本一生有三段婚姻，紀梵希「愛」了赫本一生，卻以朋友的身分終生未娶。赫本去世前，留給這個陪伴自己大半生的朋友一件大衣，她對他說：「當你覺得孤獨，穿上這件大衣，就像我緊緊擁抱著你。」

不過友誼還是有可能發展成愛情的，儘管有人因為戀愛不成連友誼都丟了。

二、空洞式愛情

空洞式愛情只有承諾，缺乏親密和激情。

這令我想起心理學家貝瑞・K・魏因霍爾德在《依賴共生（Breaking Free of the Co-Dependency Trap）》裡闡述的一種乍看是愛情，實際是「自欺欺人」的關係——「依賴共生」關係，即「依賴對方對自己的依賴」，強制進行關心和照顧以體現自己的價值感。他們的關係看似穩固，很難分開，但實際上是一種假性的親密關係。他們內心有很多無奈，無法體驗到真正的親密和愛。貝瑞指出，依賴共生在成年人中的比例大約占九十八％。

三、迷戀式愛情

迷戀式愛情只有激情體驗，認為對方有強烈吸引力。除此之外，對對方瞭解不多，也沒有想過將來。只有激情，沒有親密和承諾。當年國中的政治老師為我們上了一堂如何正確談戀愛的課，就在課堂上放了〈現代愛情故事〉這首歌：「別離沒有對錯／要走也解釋不多／現在說永遠　已經很傻／隨著那一宵去　火花已消逝／不可能付出一生　那麼多……」當年年少輕狂的我們，還不明白老師的用心良苦，現在回憶這首歌確實是毀三觀！年輕時的戀愛總是充滿了激情，卻少了成熟與穩重，是一種受到本能牽引的青澀愛情，確實需要正確指引。

四、浪漫式愛情

浪漫式愛情有親密關係和激情體驗，沒有承諾。這種「愛情」崇尚過程，不在乎結果，通常這種關係很難走遠。比較典型的例如臺灣一名藝人，相繼換了十八個男朋友，每段感情都極其投入，可每段都是無疾而終。

五、友伴式愛情

友伴式愛情有親密關係和承諾，缺乏激情。這是絕大多數人認可的幸福狀態，隨著荷爾蒙的退去而回歸「常態」。

六、愚蠢式愛情

愚蠢式愛情只有激情和承諾，沒有親密關係。很多人認為親密是關於性，但親密是關於真實和信任。當你意識到你可以告訴對方真話，當你可以向對方展示真實的你，當你站在對方面前而他們的反應是「你和我在一起是安全的」，這就是親密。

所以，沒有信任為基礎的激情最多是生理上的衝動，而沒有親密為前提的承諾不過是空頭支票。

七、完美的愛情

完美的愛情同時具備三要素，包含激情、承諾和親密。

前六種愛情的前面都加了一個「式」字，是因為前面列舉的六種愛情在本質上都並不是愛情，只有第七種才是愛情。我們在現實生活中碰到的沒有成熟的愛情和類愛情的情形實在太多了，以致把具備三要素的愛情基本當作是一種超現實的完美狀態。

雖然史坦伯格把具備三要素的愛情定義為「完美的愛情」，但是建立一段穩定、持續的愛情需要戀愛雙方耗盡一生的精力去培育和呵護，那是一項貫穿人生的浩大工程。

他提出的「愛情三角理論」可以供我們反思，而婚姻比愛情涉及得更多。比如婚姻不同的階段會突出不同的需求，不同文化背景及價值觀的差異，需求也是不同的。**適合自己腳的鞋，才是最好的鞋**。在過去物資匱乏的年代，婚姻裡需要更多的擔當和責任。然而，隨著經濟的發展，解決了生存問題後，越來越多的人在情感及精神的滿足上有了更高的需求，於是婚外情及離婚的現象也開始越來越多了。

下面這個案例很有代表性。我們可以借助案例來看婚外情現象對婚姻造成的影響。

妻子自述：

如果你是一個已婚有子的男人，發現你的妻子有婚外情，你會怎麼辦？你的婚姻會何去何從？

若你是女人，被老公想方設法追查到行蹤、被發現有外遇……而後經歷過瘋狂，也冷靜過，但更多的是消極、頹廢和敵對……你覺得婚姻還有救嗎？

這種狀態下的婚姻，兩個人若能繼續相愛到白頭，我覺得是奇蹟！

是的，可能你已經猜到，前面提到的男人和女人就是我的先生和我。

兩年前，我因外遇被老公（A先生）發現，婚姻亮起紅燈。

冷靜時，雙方理智地聊過，也一起喝酒買醉，一起抽菸（沒有菸癮的我會一根接著一根地燒著），而更多的是冷戰或爭吵。曾經在黑夜裡，A先生突然闖進房間，掐住我的脖子；或是在路上開著車，他突然打方向盤，想要一腳把油門踩到底與我同歸於盡……那段日子裡的我消極、頹廢、失眠，完全看不到婚姻繼續下去的希望。

那就離婚吧，離開瘋狂、有些變態和病態的A先生，離開那地獄般折磨我的身心和意志的生活！

由於孩子即將參加人生中一場重要的考試，為不影響孩子考試，以及部分財產變現的原因，我們的離婚拖延了。這期間，A先生透過手機設定，我被隨時定位。我和A先生各自去過這個城市著名的精神病院，在醫生的安排下服藥治療，A先生被診斷為憂鬱症，我被診斷為狂躁症。我服用著醫生說的情緒穩定劑，一天天活在混沌中，有時甚至找不到活著的意義……

丈夫自述：

在確定妻子再次出軌的那一刻，我是窒息的。

我原以為第一次婚外情事件之後，我們都明白了自己是愛著對方的，明白了自己想要的生活。我們都認真負責地做出了繼續在一起的選擇，我原以為一切都會慢慢回到正常軌道上。但沒想到我的原諒和寬容，換來的是他們更加隱祕的聯絡和見面。一種巨大的被欺騙感、被玩弄感席捲全身。

我開始懷疑我們過往的感情，懷疑過去那些自感幸福開心的日子，是否都是一場假象。我開始感到憤怒，我恨她對我情感的欺騙，恨她掐滅我的幸福，毀滅我們的家庭。特別是在後面的溝通對話中，她關於他們的交往情況閉口不談，我覺得她毫無坦誠，更是出奇地憤怒。同時，又非常痛心，痛心我的愛情，心疼我們的孩子。

我不明白我們的感情在一個千里之外的男人面前為何這麼不堪一擊。她甘願冒著丟掉我們十幾年的感情、拋棄她的孩子、拆散這個家的風險，繼續著這段隱祕的婚外情。

面對她的挽留，我真的不明白她要的是什麼，還是什麼都想要，她內心在想些什麼。我有太多的迷惑和不解，我看不懂她，看不懂男女，看不懂人生。

我迷失在她的懇求裡，不忍心失去她，擔心、憂慮著孩子們的不健康成長和未來。我時而憤怒，時而憐憫，時而決絕，時而彷徨，時而恐懼，時而自責。我不知道後面的人生要怎麼走了。我不明白生活的意義，失去了對生活的興趣，整天無精打采，借酒消愁。我晚上開始失眠，常常睜眼到天亮。在那段痛苦折磨的日子裡，我意識到我憂鬱了。我覺得我需要自救了。我去找心理醫生，原本想找到一些答案和出口，但醫生除了開抗憂鬱藥和寥寥幾句的病情問診，再無其他了。服用過幾個療程的藥，因為副作用換過兩種藥，除了感覺偶爾有點效果外，我並沒有找到答案和解藥。

日子還是在與她的爭吵和拉扯中一天天過去，我瀕臨崩潰。

在婚姻生活中，絕大多數人追求性的專一，專一會給婚姻的雙方很大程度的安全感。一旦出現婚外情，另一方就感覺被背叛，這段婚姻就面臨最嚴重的威脅。加上古今中外社會輿論對婚外情從不停歇的道德撻伐，婚外情一直以來都是被詬病的。

幾年前，加拿大一份名為《離婚（Divorce）》的期刊顯示，世界上約有四十五%～五十%的已婚女人和五十%～六十%的已婚男人曾有過出軌的行為。因為是抽樣調查，不能盡信，但也可以想像這是一個較為普遍的現象。

究其原因，著名的馬斯洛需求層次理論可以更深刻地解釋這一現象。他分析人的需求從低到高依次為生理、安全、愛和歸屬、自尊和自我實現這五種需求。通俗地理解就是，假如一個人同時缺乏食物、安全、愛和尊重，他對食物的需求是最強烈的，因為此時人的意識幾乎全被饑餓所佔據，所有能量都被用來獲取食物。在這種極端情況下，人生的全部意義就是吃飽，其他什麼都不重要。只有人從生理需要的控制下解放出來，才可能出現更高級的、社會化程度更高的需求——愛和尊重的需要。

現在很多離婚或婚外情的起因是在**婚姻中得不到愛和尊重，其中性生活得不到滿足又是至關重要的因素**。

中國夫妻很少交流性體驗，因為羞於啟齒，潛意識覺得這「不正經」。其實對於和諧的夫妻關係而言，主動談論性和金錢支配、教育子女的話題是同樣重要的。

在我的婚姻諮商生涯裡，我發現女人不會撒嬌，男人不會浪漫，這是很普遍的。他們都是盡職盡責的好爸爸、好媽媽，甚至是事業上的好搭檔，但他們不是彼此的好情侶。

所以，**發生婚外情，意味著關係中有些部分失去了平衡**。

一般情況下，男人婚外情被發現以後，往往會抱怨妻子做得不夠好、不夠體貼或家庭沒有溫暖；如果是女人的婚外情暴露了，更多是自責並力圖挽回婚姻。

在婚姻不同的階段，我們需要注入不同的元素，如何在渴望和滿足的層面做到平衡，需要雙方具備及時溝通，以及自我調整的能力。

案例中的妻子在婚姻中出現婚外情時，對丈夫造成了很猛烈的心靈撞擊，關係也變得支離破碎，充滿絕望。如果要挽回感情和婚姻，千萬不能為對方貼上「壞媽媽」、「壞妻子」甚至「渣」的致命標籤。作為諮商師，要放下評判，從中立的角度看待婚姻的變故，除了必要的共情，還要讓他們意識到不是某一方的問題，而是雙方都有責任。因此，挽救婚姻的危機，首先雙方要共同努力並具有改變的意願，只有單方面的改變是無法真正使「生病」的婚姻獲得重生的。

在諮商中，我瞭解到妻子的出軌行為源自兩個大動力：原生家庭的惡劣環境和丈夫的反推動。妻子的父母對其要求嚴格，而且對情感的關懷非常欠缺，這導致妻子非常缺愛，並從小就產生很強的叛逆心理。而丈夫記憶中的父母一生都是全力以赴為了養家，照顧幾個兒女。父親忙著賺錢，母親忙著照顧家人的起居，家人之間很少有情感互動。丈夫繼承了原生家庭的價值觀，忙於工作賺錢，從而忽略了妻子的情感需求，妻子內心情感的「荒漠」不斷延伸擴大。若要療癒這段婚姻的創傷，雙方都要看到自身的問題和對方的不易，妻子要有發自內心的歉意，丈夫也要有原諒的勇氣。

夫妻二人透過學習、覺察及轉化，逐漸由受害者成長為責任者，也因此擁有更多經營幸福的智慧和能力。兩個人定期放下手中的工作，留出時間共同出去學習，談心聊天，或者旅遊散心，創造一些浪漫時光，彼此欣賞肯定，更多尊重，透過良性互動讓婚姻保持新鮮與活力。

妻子：

持續跟隨少芬老師學習後，我鼓起勇氣傳了簡訊給丈夫，其中談到因我的行為對他、對孩子、對家庭造成的影響……記得他當時回覆我：「一年多來，才剛剛感受到你真誠的道歉。」

透過學習，我在調整自己。我將「自己也是受害者」的角色調整到責任者，為自己的行為和給家人帶來的負面影響承擔全部的責任，也願意為自己的婚姻積極努力，一切先從改變自己開始！

我的轉變，丈夫是能感受到的。後來，我們夫妻同修，一起參加了少芬老師的課程。在學習的現場看到很多因原生家庭問題帶給孩子創傷的個案，也瞭解到每個人未被療癒的心理創傷都會透過孩子傳承下去。

私下裡，我對丈夫說：我犯下的錯誤，我負責為這段婚姻療傷，不再傳給我們的孩子。

隨著我們的學習和成長，我們做出決定：跟著老師持續地、有系統地學習所有課程，**立志在未來的日子裡，不僅是人生伴侶，還要成爲彼此的靈魂伴侶。**

其實，很多家庭走著走著渾然不知已來到「一念地獄，一念天堂」的懸崖邊。然後，**重啟幸福的金鑰一直留存在我們的內心，是否啟動完全由自己決定。**

現在的我有時對先生也會有情緒，也會偶有衝突，但每次衝突後，我們會交流。我會反省自己負面情緒的背後，內心又發生了什麼。曾經的我以為自己的想法就是真相，待人處事會加入很多自己的臆斷。現在的我會有意識地不斷訓練自己的思維，在心中有想法時選擇和先生做一致性溝通，彼此開誠布公地談談所想和探討更好的做法。

太陽依舊燦爛，地球繼續轉動，生活也仍在繼續……透過這大半年的學習，比起之前的日子，我內心的天空晴朗了很多。

丈夫：

我開始試著理解妻子的原生家庭，理解她童年受到的傷害和經歷，反觀我自己的原生家庭和童年經歷，也反思自己的語言、行為和家庭溝通模式。

我和妻子是彼此的初戀。兩個從各自原生家庭裡走出來，未經雕琢和改進的人，就這樣組成了一個小家庭。不同的理念、不同的觀點、不同的情緒表達方式，時時刻刻碰撞著。

記憶中，我的爸爸媽媽一生都為了我們這個家全力以赴，特別是我們幾個孩子。爸爸一直忙碌著自己的生意，以求讓我們一家的日子蒸蒸日上。媽媽主要操勞著一家六口人的日常起居，讓我們衣食無憂。忙碌的他們平時對我們幾兄妹給予的關注不會特別細緻，也不會有很多的情感互動，但溫馨和關愛的時刻也不會缺少。我很慶幸有這樣勤勞善良的父母和幾個和諧友愛的兄弟姐妹。

我一直沒有找到我的原生家庭明顯的問題。直到那天老師分別與我和妻子就「性」的議題做了深入輔導，我猶如醍醐灌頂。老師用「客氣」來形容我的原生家庭關係。雖然很少有爸媽爭吵的記憶，但我無法回想起他們親密的任何一個片刻。他們交流的話題永遠都是事情和孩子，偶爾言語中會帶著對對方的一些不滿和情緒，當然因為我母親更加忍讓、包容，以及雙方的克制，沒有發展成爭吵。

或許這讓我沒有學會如何表達親密的行為，特別是無法從僅有的一段戀愛中去學習和總結。沒有理解妻子的感受和思維方式，加上不懂如何表達親密行為，讓兩個人的情感慢慢走入危機。對於情感不那麼敏感甚至是有點木訥的我，一直都沒有發現這個危機，直至感受到妻子明顯的變化才有所察覺。

我雖然會在妻子鬧情緒的時候哄哄她以度過危機，但並沒有改變我的那些信念和認識。我們是在表面矛盾消除的情況下，繼續「我以為我是對的」地一起生活著。我繼續為了將來的事業需要，週末進修充電，為了擴大交際圈，常常在外觥籌交錯、推杯換盞。

那時我以為，一個男人不能只有家庭，也必須有事業；我以為我空餘的時間基本上都是在陪著她和孩子，她應該滿足了。我以為我的努力和辛苦，她應該能看到和認同；我以為我對她感情的堅定，她能感受到；我以為我犯錯或茫然無知的時候，她會理解和無條件接納；我以為她對我錢財的管理是一種財務控制和不信任，她需要改變……在生活中，太多的「我以為我是對的」，而且經常「我要證明我是對的」。

我沒有看到妻子的情感需要，她需要被愛的感覺，需要一種被信任、被重視的感覺，而不是那些「我認為」的道理說教和談判。上過少芬老師的課之後，我才明白「被看見、被重視」是每個人的需求，不論你是孩子、女人，還是男人。男人雖然會有感受，但基本上會被理性的思維驅動，但女人很多是憑著這些感受和感覺在行動。情感在家中沒有得到滿足，自然在合適的時機會在家外尋求。

人尋求變化都是從不滿意開始的，情感的不滿足或性的不滿足都可能導致另一方向外求。或許婚姻並沒有惡化到要分手，婚姻能提供社會身分的需求和穩定，婚外戀情能找到愛和被重視的感覺，於是婚姻和婚外戀情同時存在。這應該是大部分婚外情的實際狀態，直到一方被發現或平衡被打破。

現在透過我們共同的學習，我也看到了妻子的巨大改變。她開始認真回歸這個家，悉心照料孩子們的生活，注意溝通的方式，多了包容和接納，有勇氣妥善處理和她父母的關係，從沒有覺知的階段到有覺知。我和妻子將攜手共修，提升我們經營幸福的能力。

從上面的案例中不難看出，如果說「激情、親密和承諾」三個要素構成完美愛情，那麼現今**成熟的婚姻就是「愛情、責任和精神成長」的綜合體**。

若希望有一段好的婚姻，就需要發展出面對婚姻出現各種挑戰的能力。所有行為都是潛意識驅動下的結果，只要還活在過去的慣性模式裡，即使換了一個人，關係還是會朝著原來的方向發展。所以，只有持續成長，才能帶著覺知去應對婚姻的難題和考驗，每個渴望幸福的人終究都要走上自我成長之路，與跟誰在一起無關。

探索練習

根據愛情理論「激情、親密和承諾」，或成熟的婚姻「愛情、責任和精神成長」的要素，你現在的關係處於哪種狀態？有沒有及時發現缺失部分帶來的問題？你有什麼調整計畫？

9. 共同成長，談一段永不謝幕的戀愛

兩個人之所以能夠走在一起，一定是因為你們之間有相同的部分。你們在某些部分上是有所共鳴的，所以容易同頻共振，心有靈犀。比如當你看到這本書的時候，我們都帶著對美好關係的憧憬，對自我探索和自我成長有渴望。

任何兩個人都會有相同的部分，也都會有不同的部分。完全平行，毫無交集，那也不會有碰撞和火花了。火花會令人產生激情，因此有了愛情和新生命。火花也會產生摩擦和衝突，很多人因為不懂得如何處理差異而分手，冠其名曰「性格不合」。關於離婚，我們需要認真思考的問題是：有離婚的想法很正常。但你必須認清一個事實：這個世界上，不存在沒有問題的婚姻。

幸福的婚姻不是一帆風順的，沒有經歷的婚姻猶如白開水般寡淡無味。所以彌足珍貴的婚姻是一起患難，一起快樂，一起犯錯，又一起原諒。

倘若伴侶跟你所有的觀點一樣，那你們就會止步於此。**彼此的差異，也是吸引我**

們的地方，會帶給我們不同的思考、衝擊和成長。我們可以帶著好奇，學習如何理解並處理這份差異，比如愛的語言、彼此的先天氣質、原生家庭背景和不同的心理需求。因為差異令我們懂得更多，令我們的生命更完整。

事實上，愛一個人，就要學會接受他原本的樣子，允許他以自己的方式成長。同時，**我們也要適當做出妥協，改變自己來滿足伴侶的期望**。看到並欣賞伴侶的優點，不去控制對方，不強求對方改變，婚姻關係才會和諧幸福。

婚姻破裂的兩大終極原因，不過是**相擁卻不懂相愛，相愛卻不懂相處**。因此，不要因為擁有了彼此就失去了成長自己的動力，不要因為對方有愛意就放任自己的壞脾氣。

要相信，無論婚姻出現什麼問題，只要用良好的狀態積極面對，很多問題都能夠迎刃而解。不要總是強化一個人的問題，**挽救婚姻最好的方式就是把「問題」當成彼此成長的階梯，學習透過表象看本質，找到問題真正的根源，找到差異，用求同存異的態度包容差異，積極化解**。雙方一起成長，但要試著朝向同一個方向，一起改變，要試著不讓對方害怕，像朋友一樣互相鼓勵，讓婚姻煥發源源不斷的生機。

婚姻的目的是雙方共同成長和發展，意味著要摒棄狹隘的小我，把共同成長視為自己的責任。**每對能走到最後的夫妻，靠的是彼此扶持，互相取暖，同舟共濟。把婚姻當成一次自我成長的機會，由對彼此狹隘的小愛，發展為彼此包容的大愛，婚姻中的戀愛就會永不謝幕。**

探索練習

列出你和另一半相近的部分（性格、興趣愛好等），也列出你們不同的部分。

想一想不同的部分可以帶給你哪些能學習的地方？

第五章　讓關係在愛中昇華

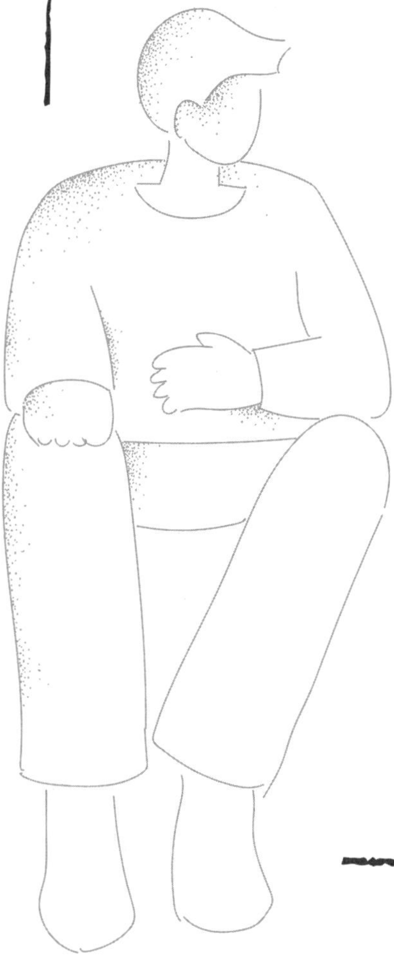

幸福是一種選擇，
而非結果。
沒有東西可以使你幸福。
沒有人可以使你幸福，
除非你決定要幸福。
幸福不會奔你而來，
它只會從你的心中升起。

——本書作者

1. 愛自己，是終身浪漫的開始

如果你在婚姻中，想要愛卻不懂愛；
如果你在戀愛中，想要愛卻不敢愛；
如果你捧著一顆心，卻找不到愛，
那麼請先愛上你自己吧。

小時候，因為我們內心對父母愛的渴望經常得不到滿足，於是內心隱藏著敏感和脆弱，如同一個沒有長大的孩子。等到成年後，一旦遇到壓力和挫折，就很容易被這個「內在小孩」接管，沉浸於痛苦中，鬧情緒、逃避、無力面對，造成關係的掙扎和痛苦。

孩子是沒有勇氣和智慧來面對外界衝突的。但當我們意識到自己已經長大成人，有足夠成熟的心智時，就可以嘗試學習做自己的理想父母，安慰、鼓勵我們的「內在小孩」，就像對自己的孩子一樣疼惜。在我們持續這樣做，「內在小孩」逐漸得到療癒後，我們內在的愛與喜悅、安全感、自信等美好的特質就會噴薄而出。這時候，我們就擁有更強大的能力去創造美好的生活。

文先生夫妻二人都受過良好的教育，也有收入頗豐的工作。一個本該美滿的家庭卻不知從什麼時候開始「生病」了。他和妻子一言不合就吵架、針鋒相對，導致夫妻關係冷若冰霜，父女關係也劍拔弩張。面對妻子，自己永遠有發洩不完的憤怒，於是無休無止地爭吵，為孩子爭吵、為家庭瑣事爭吵，不吵的時候多半是在冷戰，而孩子只要見到自己回家就像老鼠見到貓，緊緊張張，不敢大聲呼吸。這如同一個不斷重複的噩夢，時常困擾著他的生活。

十多年前就獲得中國國家二級心理諮詢師資格的他，感到自己的心「生病」了。他知道自己的憤怒情緒跟他的成長經歷有關，但他不清楚問題的根源在哪裡。在情緒管理課上，他申請做了一次關於憤怒管理的深度個案輔導。

經過輔導，我陪他看到了一個壓抑、委屈的「內在小孩」。文先生讀國中的時候父親突然身故，這對他是一個沉重的打擊。母親一個人艱難地帶著三個兒子，脾氣暴躁的哥哥經常打弟弟（文先生），甚至惡作劇地把他關在豬圈裡，導致童年的文先生一直生活在恐懼不安中，受委屈了不敢哭、不敢鬧，於是憤怒、恐懼、無助與掙扎深深扎在他的心裡。我引導他和「內在的小孩」連結，那一瞬間，他震撼了。他清晰地聽到內心那個委屈的小孩發出憤怒又害怕的聲音：「你為什麼要打我？你為什麼要這樣欺負我？我很憤怒，你憑什麼？你是我哥又怎樣？老天爺，你為什麼這樣對我？爸爸，你為什麼要離開我？為什麼？我好孤獨，我沒有人愛，只能自己靠自己……」

平時非常理智的文先生淚流滿面，完全進入了封閉已久的內心世界。我引導他閉上眼睛，對內心的受傷小孩說：「我看見你了，看到你的受傷和渴望。我現在已經四十五歲了，現在很強壯。再也沒有人能欺負你了，你放心，我可以保護你，甚至可以學習當你最好的朋友，理解你和陪伴你……」

成長經歷形成的受傷、憤怒、孤獨的內在，讓他內心形成一個缺愛的坑洞。爭吵實際上是愛的呼喚，希望妻子能給予他缺失的尊重和愛的滋養。輔導結束後，我邀請他每天用「內在父母」的角度寫一篇與「內在小孩」對話的成長日記，目的是把「失聯」多年的心重新找回來，並且持續自我療癒。

文先生說，輔導之後，他每天都沉浸在自我對話、自我思考之中。以下是文先生分享的一篇成長日記。

走出機場招車，排到一輛紅色計程車。在上海，紅色計程車是二十世紀九〇年代時，政府為了鼓勵私人投資開計程車而特別給的政策。這些司機因為是開自己的車，基本不受什麼約束。他們的相對收入在逐年下滑。所以，這批司機很多人心態不好，糾紛發生率很高。

一上車，司機粗聲粗氣地問：「去哪裡？」

我平靜地說了地址，問他：「你知道怎麼走嗎？」

司機沒出聲，半分鐘後，直接開始了繞路模式。

「兒子」（我的內在小孩）有點輕微憤怒，我趕緊半開玩笑地說：「不要這樣走，你是老司機了，對吧？」

司機這回耳朵倒很尖，立刻轉回了正常路線。

也許是好多次乘坐紅車的不悅經歷吧，「兒子」還有點情緒。這正好是與「兒子」溝通情緒的好機會啊！於是我趕緊進行內在對話。

一、首先，我知道你想幫爸爸（現在的我）應對這件事，所以你憤怒了，感謝你在過去一直用這種方法幫助我。

二、今天的我已經有足夠的能力處理這件事情了，所以請放心，不憤怒可能更能幫助爸爸冷靜處理事情。

三、今後，如果遇到超出我能力的事情，我還會需要你的幫助來提升能力，可能是輕微的焦慮，最好不用憤怒。

四、這不是多大的事情，最多也就是多繞三十元人民幣的事情。你的志向不在於此，當你關注了大事情，有所忽略小事情也在所難免。所以，即便遇到這樣的事情而沒有處理好，我們也不需要憤怒，因為你快樂對我很重要。

五、這個司機沒有足夠的能力，他的道德平衡點低是他自己的事情，而我們需要理解這部分人。

聊著聊著，「兒子」和我都慢慢開心起來。

快到家了，司機打開了導航，我心中多了些理解，上海太大了，很難記住那麼多地方。我體諒地對司機說：我來指路吧，不需要用導航了。順利到家，車費五十二元，付了一百零二元，要發票，司機手裡握著一張五十元，把發票遞給了我。

收好發票，猛然想起，那個五十元，司機居然沒給我。我趕緊要回那張被握得皺巴巴的五十元，下車回家。

這世界確實有不同的人，而我們生活在其中，接受現狀、保護自己也是人生的必修課。

這個過程中，我關注到了「兒子」的感受，有點憤怒和擔心，這種輕微的情緒保護了我。我知道「兒子」很擅長這個。

我看到「兒子」在成長，內心充滿喜悅。

在婚姻裡，許多人往往只是身體上結婚，而心靈依然是單身。要擁有一段琴瑟和鳴的婚姻，我們要先和自己的心靈結婚，學習如何愛自己，然後才是兩顆心的結婚，互相關愛和懂得。這大概便是理想的「靈魂伴侶」了。

我們的「內在小孩」最大的特徵就是恐懼。在日常生活中，我們的恐懼幻化成憤怒、羞愧、悲傷、自卑、退縮等不同的負面情緒。當失去覺察力的時候，我們就會捲入情緒當中，而不知道其實是被曾經受過傷的「內在小孩」所觸動的。所以，療癒的過程，要先從認出自己內在那個受傷的「小孩」開始，並且學習去關愛他，這才是愛自己的真正含義。

真正的愛，前提是自愛。**愛自己，是終身浪漫的開始**。在這個世界上，缺愛的人比缺錢的人多。大部分人不懂愛自己，也不知道該如何去愛別人。我們習慣盯著自己的缺點不放、否定自己、忽略自己。

我們都知道沒辦法給別人自己也沒有的東西：如果我們沒有錢，就沒辦法給別人錢；如果我們沒有快樂，就沒辦法給別人快樂；如果我們沒有愛，就沒辦法給別人愛，沒辦法真正地去愛任何人。

不會愛自己的人，往往是不懂得理解和原諒的人。「不能理解和原諒」是個障礙，像一道牆一樣擋在了我們與幸福之間。當我們理解、原諒並釋懷時，不僅使自己卸下了沉重的包袱，還為「愛自己」打開了大門。

愛必須始於愛。

每個人內心深處都有充滿愛的部分。這個部分充滿愛和關心，充滿理解、耐心、寬容，就像住在內心的一個好媽媽一樣，她會照顧好你的身體、情緒，給你無條件的愛和接納。你能否感受到內心這個部分呢？

每個人都有自我關愛這個部分，我們稱它為**「足夠好的父母」**，只是平時沒有去發現而已。

小時侯，你需要父母的安慰，但是你已經長大了，現在可以學習安慰自己；小時侯，你需要父母的耐心，但是你已經長大了，現在可以對自己有耐心了；小時侯，你需要父母的陪伴，但是你已經長大了，可以陪伴自己了……這樣做，你便是自己的好父母了。

內在好父母會試圖理解你，他喜歡你，知道你是敏感的，知道你受傷，知道你並不完美。他真正在支持你，不是批評你，而是鼓勵你。他理解你已經盡了自己最大的努力。當充滿關愛的內在父母活躍時，我們會感到開心和幸福。

好父母會知道，每個人都有陰陽兩面，他努力支持你，不壓抑、不排斥、不否定你，鼓勵你活出真實的自己，並進一步去完善自己。

如此，你就可以全然地接納他人，因為一切不過是你內在的投射。於是，美好的生活就真的展開了！

真正的愛情只會發生在兩個懂得自愛的人和人之間。自愛的人是完整而平衡的，能獨立而自我負責地活著，溫柔而堅定地做自己，悅己悅他，能夠享受親密關係，同時不會淪陷與依賴，始終如花綻放，如陽光般溫暖而絢爛。

這也是你仔細閱讀這本書並想提升自己的原因，你想改善生活和親密關係，並且變得快樂。你內在充滿愛的部分在以一種友好的、理解的、接納的方式支援著你。

佛陀說：**「若你在這世上，尋找愛你之愛，而非愛你之人，會發現那個人只是你。你就是那唯一值得你愛和原諒的人。」**

探索練習

內在的成長從願意爲自己每天花一點時間開始。與內在小孩連結，如同一場和自己的穿越時空的愛戀。

每天花點時間靜下心來寫成長日記，回到自己內在的感覺，連結內在小孩，嘗試和內心對話。如果你是女生，你可以做內在女兒的母親；如果你是男生，你可以做內在兒子的父親（可以參考前面文先生的成長日記，你也可以先把下一篇看完再寫）。

2. 在婚姻中成長

我們**每時每刻都在父母狀態、孩童狀態、成人狀態三個角色（人格）中不斷轉化**，很多時候是無意識的，這為我們帶來了很多困擾。

記得香港藝人胡杏兒曾經發過一則貼文說：「我的前前任和前任都很棒，他們一個教我做溫柔的女人，一個教我做成熟的大人，但我最喜歡現任，他教我做回小孩。」有人接著評論：「倘若有人真的愛你，就會把你當孩子般寵愛。」但是，**倘若掌控婚姻的是內在的「巨嬰」，將導致各種危機發生。要知道，沒有多少人能一直忍受「孩子氣」和「依賴與索愛」**。

每段好的婚姻，都是自己與婚姻共同成長的結果。成長，就要有意識地發展自己的全部人格，內在就會變得平靜而有力量，我們就會擁有成熟應對生活和情感的能力，有底氣坦然面對風雨，像孩子般率真熱情、熱愛生活、勇敢無懼地面對世事無常。

如果把親密關係比喻成關於愛的大學課程，那麼大部分的戀人連小學都還沒畢業。法律只規定了結婚的生理年齡，而沒有要求心理年齡，很多匆匆進入愛情和婚姻的人內心都是未成年人。所以，愛別人之前，先幫助自己成長為真正有幸福能力的人。

探索練習

覺察你內在父母狀態、孩童狀態、成人狀態是如何切換的？哪個部分出現得比較多？需要加強哪個部分？

3. 允許一切如其所是

我允許任何事情的發生
我允許
事情是如此的開始
如此的發展
如此的結局

因為我知道
所有的事情
都是因緣而來
一切的發生，都是必然
若我覺得應該是另外一種可能

傷害的，只是自己

我知道
我是為了生命在當下的體驗而來
在每一個當下時刻
我唯一要做的，就是
全然地允許
全然地經歷
全然地享受
看，只是看
我允許，一切如其所是

——伯特・海靈格〈我允許〉

每個人都是獨立的個體，但我們又需要連結和歸屬感，因此我們很難合理地處理好界限。沒有界限就沒有尊重，而一段美好的關係裡互相尊重是非常重要的。

尊重不是口號，只有一句「我尊重你」不是真的懂得尊重，尊重體現在生活的點點滴滴中。學會真正的尊重不容易，小時候生存的需要讓我們沒了界限感。我們會因為需要被照顧而侵犯別人的空間，也會為了滿足父母的需要而放棄自己的界限。所以我們失去了尊重界限的能力，不管是對自己的界限還是對別人的界限都沒有覺知。

雯在三十四歲之前是不婚主義者。儘管她有一個交往了好幾年的男友，但是她拒絕結婚。從表面上看，人人都說雯是一個瀟灑的獨立女性，其實她內心是恐婚。

因為雯從小看到了太多父母吵架、打架的場面。她很早離開家鄉出來工作的很大一部分原因，就是為了逃避那個無法改變也無能為力的環境。雯做夢時總會被耳邊的爭論聲嚇醒，她內心深處認為婚姻會破壞關係。她一直努力工作賺錢，也是企圖用這種方式平衡父母的關係。雯一直活在過去的恐懼擔憂裡。同時雯也繼承了她媽媽的性格，認為男人需要管教，必須聽自己的，不然就會爭論。

這樣的方式又無形中複製了她爸媽的樣子，越發讓她恐懼，證實了婚姻沒有幸福這一信念。雯也不想要小孩，她認為自己無法給孩子一個好的家庭環境，最好的方式就是別害了孩子，這樣的信念一直限制著她。

直到二〇一八年下半年，雯遭遇人生最悲慘的階段：經營十多年的店鋪面臨著轉型，三十二歲的她有一個交往四年的男友卻依然不敢進入婚姻。嚴重的焦慮、失眠導致她駝背嚴重，長期的眼睛乾澀、頭痛讓她明顯感覺身體衰老，對未來不可控制的恐懼導致她日夜不安。

於是她找到了我。我讓她意識到她是如何無意識、盲目地忠誠父母的行為、思想，甚至試圖成為父母的拯救者，試圖解決他們的問題。

雯體會到了自己一直生活在過去的陰影裡，製造了一個消極的環境。她也意識到自己根本看不見男友的付出，也看不見自己的優點，焦點一直被固化在負面情緒裡。所以，生活展現出來的也是很糟糕的關係。

隨著更深入的探索，雯甚至看到自己的傲慢和自大，意識到自己背負了很多不屬於自己的東西。她領悟到要活出自己，首先要跟父母和解，跟自己和解，尊重父母的生活方式。他們有他們的命運和要去承擔的事情，允許自己和他們活得不一樣，重新回歸到父母和孩子的身分。

從那以後，雯有能力把向外看的眼光轉移到看向自己，珍視自己。她慢慢地放鬆下來，不再緊張，擔憂、恐懼的情緒也離她而去。慢慢地，她的背不駝了，頭痛消失了，眼睛也好了。原來的女漢子風格變了，變得越來越有女人味。

過年期間，看著爸媽爭論，雯理解了那就是他們的交流方式，她尊重他們。同時，雯也接納了自己，放過了自己。她越來越溫和，能看見男朋友對她的愛與付出，她也真心地去理解他、支持他。

現在的雯已經結了婚，有了可愛的寶寶，過上幸福的小女人生活。

當一個人真的愛自己，一切想要的美好自然就來到身邊了。

探索練習

在你的親密關係中，你有沒有充分感受到尊重？如何提升這個部分的覺察力？

4. 家庭中的界限與序位

在一個家庭系統中，每個人都要守住自己的位置和界限，承擔各自的責任。在正確的序位上，才能接受父母和家庭愛的流動和傳遞。

表面看雯是一個很「孝順」的女兒，一直努力工作賺錢，企圖用她的方式平衡父母的關係。實質是因為從小她看到太多父母吵架、打架的場面。所以，她並沒有真正守好女兒的位置，而是過度地捲入父母的關係裡當了法官，甚至試圖成為父母的拯救者，試圖解決他們的問題。這讓她無法成為自己，在關係中也會不知不覺帶入自己的投射，以致無法獲得美好的關係。

這就像什麼呢？太陽系家族有八大行星，每個星球都有一個位置，如果有個星球被排除或跑到其他軌道上去了，那就會產生一個黑洞，整個太陽系都會試圖去填補這個黑洞，以達到新的平衡。但這樣卻造成太陽系每個星球的軌道都產生極大的變化，後果會很嚴重，隨時會相撞、爆炸並毀滅。

一個家庭系統裡，每個人也都有各自的位置，假如有一個人沒有守住自己的位置，這個家庭裡的人就會產生模糊的界限感，彼此就會互相牽連、糾葛。比如母親向孩子抱怨爸爸的不是，覺得自己受了很多委屈，希望能贏得孩子對她的同情。孩子就會代替爸爸的角色去安慰母親，對孩子來說，他已經錯位了。

中國的傳統文化是非常講究序位的，《弟子規》裡大篇幅地細緻描述家庭序位，「長者先，幼者後」、「對尊長，勿見能」。很遺憾的是，很多家庭存在序位和界限意識的缺失，導致「父不父，子不子」的混亂局面。

家庭系統中經常出現的是孩子成了父母之間的「平衡器」，孩子會自動靠向缺位和弱勢的一方。當孩子長大成人以後，他就會繼續拯救弱勢的父母，或者變成父母的法官，評判父母的對錯，甚至看不起父母，企圖改造父母，希望他們能成為自己心中較為完美的父母。這些都構成了嚴重的錯位。

錯位者無法活出真實的自我，因為盲目的愛而對家庭（尤其是父母）的情緒感受、行為模式和命運際遇產生盲目的認同感，這就很容易形成追隨和替代。比如看到心愛的家人患有致命的疾病，錯位者就會產生「寧願病的是我不是你」、「我要追隨

／替代你而去」的想法。這種愛不但不會讓錯位者的人生越來越好，甚至會阻礙其發展，衍生很多糾纏、牽連的問題。

錯位現象幾乎出現在每個家庭裡，只是嚴重程度不一樣。有些人表面排斥不認同家裡的某一個人，但往往越厭惡，行為舉止甚至說話方式卻越來越像那個人。錯位，只會使不幸加倍。因此，和解與回歸序位才是解決之道。

在系統中有這樣一個法則：每個系統成員在系統中都有一個位置，先來者比後來者有優先權，比如父母是大的，孩子是小的。大的照顧小的，小的尊重大的。家庭中序位錯亂的現象比較普遍的有兩種：

一、做父母的父母。

二、做父母的替代配偶。

比如之前的雯，她甚至試圖成為父母的拯救者，試圖解決他們的問題。她的位置比父母還要高，潛意識做了父母的父母。《周易．繫辭下》曰：「德不配位，必有災殃；德薄而位尊，智小而謀大，力小而任重，鮮不及矣。」雯談了四年的戀愛卻依然不敢進入婚姻，嚴重的焦慮、失眠導致她駝背嚴重，長期的眼睛乾澀、頭痛讓她明顯感覺身體衰老，對未來不可控的恐懼導致她日夜不安。從雯過去的狀態中可見站錯位置後果嚴重。

再比如婆媳關係的矛盾也主要是來自錯位。一份離婚調查顯示，在中國離婚家庭中，居然有近一半的夫妻離婚是因為婆媳關係沒有處理好導致的。

婆媳矛盾的根源是：

其一，父母基本是在艱苦歲月中走過來的，他們的心理營養普遍比較匱乏，養兒防老的思想讓他們認為兒子是屬於自己的。兒子娶了媳婦後會嚴重挑戰老人的安全感，生怕兒子被一個「外人」搶走而沒人關愛他們。

其二，兒子結婚以後，實際上已經有了新的獨立家庭，也就是老人有老人的家庭，孩子有孩子的家庭。但是對沒有界限意識的兒子或婆婆而言，這個家只是多了一個媳婦加入。特別是和老人一起住的家庭，這個界限就顯得更加模糊了。

這對兒子來說確實是一門新的學問，對他來說，母親是長輩，需要尊重；但對自己新的家庭來說，卻比原生家庭更要優先照顧。這對兒子來說往往是一個矛盾。倘若父母一方比較弱沒有得到照顧，兒子往往會替代缺失的一方照顧比較弱的父／母，這樣的錯位就加劇了新家庭的失衡。

因此，兒子需要有力量承擔起平衡新家庭和原生家庭關係的責任，這真的不容易。媳婦的加入意味著會出現兩個原生家庭價值觀的磨合。兒子需要承擔最重要的協調和溝通工作。如果兒子責任感不強，或者沒有力量承擔，那麼就會由老人或妻子補上去。無論是老人還是妻子站到這個主位，另一方都會覺得不公平。

海靈格提出夫妻的相處法則是：「女人跟隨男人，男人服務女人。」海靈格說的「跟隨」並不是「服從」。他指的是女人要「陪伴」男人，手牽著手進入他的文化、家庭、職業等。女性需要安全和保護，所以「服務」是指保護女人，讓女人感受到男人帶給她的安全感和重視感。男人面對新家庭和原生家庭的衝突，原則上是新家庭的系統優先，新家庭被重視了，妻子的心就能安住在家中，滋養這個家庭，以及孝敬公公、婆婆。

探索練習

覺察自己在原生家庭中是否錯位？你有沒有做父母的平衡器？結婚以後，你有沒有把新的家庭序位優先於原生家庭，還是依然被原生家庭牽扯？這會如何影響到你的親密關係？

5. 與原生家庭和解

所謂「家家有本難念的經」，對很多人來說，原生家庭的心結一直難以打開。有些人可以在外面與朋友舉杯言歡，面對父母卻咬牙切齒；或明明心裡牽掛著，專門從千里之外回家卻無話可說；或有些人終其一生奮鬥，就是為了背井離鄉，此生不再相見。

但無論一個人年齡多大，無論身處何方，潛意識深處依然與原生環境有著千絲萬縷的關係。只有當你的力量大過原生家庭的烙印，你才能掙脫出身帶來的束縛。這個力量就是愛與寬恕的力量。

在北野武所寫的關於父母的回憶錄《菊次郎與佐紀》裡，與刻薄嚴厲的母親抗爭了一輩子，一輩子想擺脫母親束縛的北野武，最終發現自己仍舊是母親的手下敗將。倔強的北野武最終與自己的父親和母親、與過往的自己，達成了和解。他說：「我認為，一個人是不是長大成熟了，要從他對父母的態度來判斷。當面對父母，覺得他們真不容易時，就是邁向成熟的第一步。」

我們當然需要明白我們為什麼成了現在的自己，我們也需要明白父母經歷了什麼才成為最終的他們。只有明白他們經歷了什麼，才會明白他們為什麼會對你那麼做。

就像案例中的雯一樣，弄清楚這些，就會發現，除了抱怨與逃避，我們還有其他選擇。

我們的上一輩經歷了我們不曾經歷的，他們或許沒有機會讀很多書，在婚姻中有了矛盾也沒有人告訴他們應該怎麼做，只能運用他們所認知的方法去解決。如果可以，相信他們也願意夫妻恩愛、家庭和睦地過完這一生。

作為一個成年人，如果沒有辦法讓自己忘記原生家庭的傷，那麼努力治癒就是最好的與原生家庭和解的方式。

你可以繼續讓過去的痛苦成為自己人生的絆腳石，也可以透過治癒讓痛苦成為人生的踏腳石。

探索練習

你有一些原生家庭的心結嗎？當你準備好面對的時候，新生活就開始了。

6. 與前任和解

前面我們提到，在與前任和解之前不要帶著未了的怨懟匆匆投入下一段感情，這個時候心是不定的，而且受傷時能量比較低，很容易做出錯誤的選擇，建立錯誤的關係。更不要想找一個人來幫你療傷，你只會給人乘虛而入的機會，到頭來帶給自己更大的傷害。

海靈格說：「不論分手有什麼原因，解決的辦法總是要尊重前任伴侶。」、「無論分手的原因是什麼，都只是關係失敗的表面藉口而已。如果未曾相愛過，根本不會結婚，導致分手的原因，多數是深藏不露的。」

大部分人不論是吵架還是分手，都一定要找出有「罪責」的那一方。因為我們從小接受的教育就是，無論做任何事，都要「不僅知其然，還需知其所以然」。我們習慣了任何事情都去找一個看似合理的解釋。

我們離開一個人的過程也經常如此。起初，感到這段關係無法再帶給我們擴展，甚至讓人有些壓抑和緊縮，至少是不快樂，但我們又擔心，是不是不應該因為這樣的原因分手？我會不會被罵「不負責任」？會不會對另一方造成很大的傷害？如果他糾纏不休怎麼辦？被人說三道四多不好！

因此，分手也經常被弄得很「難看」，彷彿這樣兩個人分開才「合理」。宋仲基和宋慧喬離婚，從宋仲基的聲明中不難看出對宋慧喬的指責。因為分手鬧得沸沸揚揚的人數不勝數。

從愛開始，唯有愛才能結束。因此，當分手時應尊重前任，並對前任表達感激。只有認可前任在生命中的重要性以後，當事人才能真正地離開；**在內心和前任發生和解，才能讓過去的關係畫上句號，能量才會解放出來，去迎接新的伴侶**。

寶萊塢著名影星阿米爾．罕和妻子離婚時發表聯合聲明：「我們想在人生中展開新的一頁，不再是丈夫和妻子，而是共同的父母與彼此的家人。我們會共同撫養孩子，同時，繼續在共同熱愛的電影事業中合作工作。」對於離婚，這無疑是最好的結局。不是所有的婚姻在失去愛情之後，都要撕破臉，爭對錯。愛情變親情，才不枉愛過一場。

海靈格先生說：「一樁婚姻的結束，不是因為某一方有過錯、某一方無過錯，而是因為其中一方仍牽連在原生家庭未解決的問題中，或是因為他們分別被引向不同的方向。」

當一個人牽連在原生家庭未解決的問題中時，婚姻裡的問題只是「症狀」罷了，如果這個人並沒有準備好從源頭解決問題，那最好的方式其實就是帶著愛和尊重與他分開。當兩個人被引向不同的方向，做什麼或不做什麼，就沒那麼重要了，因為生命的浪潮最終還是會推動兩個人走向自己該去的地方。

探索練習

無論是戀愛分手還是夫妻離婚，帶著尊重和祝福的分手是送給雙方最好的禮物。如果你有這樣的經歷，看看是否還可以做得更好？

7. 如何充滿愛和尊重地分開

正如上面所說的，很多人並不能接受和理解一段關係的結束沒有誰對誰錯，僅僅是因為某人仍然與他的家庭成員有糾纏，或者兩個人的方向已經開始不同——接納這些，會讓人感到無力和哀傷。

於是，一定要找出是誰的錯，揪出一些讓人憤怒的事情，以造成一種假象，讓人覺得如果當初做一些不同的事情，結果或許可以不一樣。因此，誰叫你沒有那樣做？都怪你！

憤怒，常常是掩蓋哀傷和無力的擋箭牌。

很多時候，我們決定分手，心中卻很難懷著愛和尊重，分手的過程也有很多猶豫和糾纏。這是因為我們沒有完全接受和感謝對方所付出的一切，也沒有完全接納自己出於愛所付出的一切——我們所做的已經是所能做的最好的了。

分手經常讓人感到恐懼，因為我們不知道自己將面臨什麼樣的生活和風險。當我們恐懼的時候，我們時常會抱著自己的痛苦和老舊的東西不放，忘了自己同時也面對著新的機遇，不給自己重新創造新生活的機會，這就導致我們竭盡全力拴住另一方，讓他也很難獲得自由。

然而，如果雙方都接受了新的可能性，並且願意創造新的未來，就會獲得自由。他們能夠平靜地傾訴自己的需要和想法，能夠放下怨恨和受害者的情結，去安排自己需要安排的一切。

葉先生結束第一段婚姻半年後，又進入第二段婚姻，一年後第二段婚姻再次面臨失敗，事業也一落千丈。他帶著巨大的痛苦找我做了諮商。輔導中，我發現他前妻和他是公司的聯合創始人，但離婚後，葉先生便收購了前妻的股份，讓她退出了公司。

在諮商過程中，葉先生意識到和前妻的關係在怨懟中結束並且一直沒有得到化解，這直接影響到他第二段感情和公司的健康發展。我請他想像面對前妻說：「××，你是我前妻，我們有過十年的婚姻生活。我們有一個兒子、一個女兒，一起創建了公司，白手起家。過去公司的成功，你功不可沒，特別是你懷孕的時候還在不停地跑客戶……」至此，葉先生淚流滿面。

諮商結束，葉先生馬上傳了一則簡訊給前妻：「××，感謝我們曾經有過十年的婚姻，一起育有一子一女，感謝一路走來你所有的付出、支持和愛。我和你一起創辦了公司，那時候很辛苦，你連懷孕的時候都在跑客戶，過去公司的成功，你有很大的功勞。我會永遠記得你曾經的付出和貢獻，還會和孩子們說他們有個好媽媽，我也會在公司講我們曾經的創業故事……祝福你擁有幸福的人生、美滿的家庭！我們將一直是兩個孩子的爸爸和媽媽……」

第二天，葉先生傳了一則簡訊給我：「感謝少芬老師，你讓我和前妻避免了一場腥風血雨，我們和解了。」

葉先生承認了事實，認可了前妻的付出，還送了祝福給對方。如果他真的能夠做到充滿愛和尊重地分開，這段感情，也會成為他未來生命中的支持。因為只有我們在內心中與前任和解，好聚好散，後面的人生才是受到祝福的。

但是，不是每個人都能做到溫暖有愛地分開。我們在無法心平氣和地離開一段關

係時，可以嘗試做這樣的練習：

在心裡對對方說：**「我接受你曾經帶給我的美好回憶，我在你的身上／這段感情裡學會了很多，我會珍惜它。我對你的愛是心甘情願的，它是你的，可以保留起來。我們之間的問題，我會負責屬於我的部分，屬於你的責任留給你自己。我心平氣和地離開你。我祝福你，如果你願意，也請祝福我。」**

當你越能在心中有這樣的感受，面對你的伴侶就越能平靜而尊重。畢竟，你們相愛過。那些美好和那些過去，都真實地存在著。

曾經的伴侶，在彼此的生命中，永遠有一個位置。分手時，我們要承認一點：**我尊重你的個性。我會愛過你，也正是因爲你的個性，讓我愛上你。不論分手的原因是什麼，也不能在個性上尋找錯誤。**

在分手後仍需承認，例如：你爸爸和我對你一樣好，我們雖然用的方式不同，但同樣是愛你的。孩子因此能欣然接納他所面對的處境，並從中得到力量。不論父母有何分歧，孩子並沒有失去他們。

探索練習

假如你曾經戀愛過但已經分開，或進入過婚姻現已離婚，那麼試著參照這一篇的指導方向，帶著愛和尊重，可以在日記裡寫一段分手告白給曾經相愛過的那個人（如果你願意傳給對方也是可以的），你會發現你的心變得很輕鬆、很柔軟。

8. 放過別人，其實是放過自己

《零極限》的作者說，出離問題和疾病的方式是，人們願意對自己在每個當下創造的生活百分百負責。唯一的出路就是清理。

感恩與寬容，經常緣於痛苦與磨難，必須以極大的毅力來訓練。曼德拉曾說過一句既經典又飽含智慧、發人深省的話：「當我走出囚室邁過通往自由的監獄大門時，我已經清楚，自己若不能把悲痛與怨恨留在身後，那麼我其實仍在獄中。」

抓著傷痛不放，就像是在汪洋大海中抱著一塊大磚頭。磚頭是誰給你的還重要嗎？你才是即將往下沉的那個人。寬恕是去瞭解沉溺於傷痛是徒勞的。無論是誰傷害了你，不管有多麼不公平，**你的傷痛感受只會傷害你，而非別人**。看清這一切將會幫助你選擇寬恕，而非憤怒或怨恨。寬恕與他人無關，只與你自己的幸福和自由有關。

露易絲．賀是世界著名的心靈老師。露易絲五歲的時候被鄰居性侵，童年的大部分時間，她都在忍受身體上和性方面的虐待，外加繁重的體力勞動，所以形成了極度自卑和低自尊的人格。長大後，她又經歷了離婚，患上「不可治癒」的癌症……幸運的是，她接觸了心理諮商工作，走上了自我救贖的道路，對自己的生命負了百分百的責任。她開始積極關愛自己：「我知道我必須清除掉自童年開始一直累積著的怨恨模式。丟棄責備是我的當務之急。」她最後還是選擇和母親和解，寬恕曾經傷害過自己的人，這一切使她成功地幫助自己治癒了癌症，並幫助無數人在黑暗的思想泥沼裡走出一條幸福和光明的路。

一直盯著別人的過失，別人不一定會痛苦，但自己一定會受苦。放過別人，其實是放過自己。幸福是一種選擇，關鍵是你選擇什麼。抱怨和仇恨只會令自己身處烏煙瘴氣的環境中，放下怨懟，心中清淨無染就是給自己的最好環境。

成長，就是結束內在戰爭，全然接納，全然去愛。

希阿榮博堪布說：「人的一生中有順境也有逆境，然而無論何種際遇，如果能透過它認識生命的本質，就是一生的財富，得失起伏無不是覺悟的契機。有生就有滅，有聚就有散，這不過是事物的平常狀態。堅強或者脆弱，接受或者抗拒，生活都會繼續。」

逆境和痛苦是成長的一部分，也是必須的。沒有人不經歷跌倒就會走路，如果你想成長，你必須經歷逆境和痛苦。如果你不願成長，或許可以逃避痛苦，但未來肯定會受苦。**痛苦是內在的，而苦難是外在的，這是本質的區別**。

未來，當你遇到一些巨大的挑戰，思如潮湧時，你的心會被恐懼、憤怒、悲傷等思緒堵住。當你有力量面對並接納的時候，你就會放下對它們的控制，看到它們只是想要保護你。所以，如果它們出現，請微笑著對它們說：「**你們是我的一部分，也是我生命的一部分**。歡迎，謝謝！」不要和它們抗爭，不要對它們生氣，要看到它們對你的好意。抗爭並不是解決問題的方法，請接納它們，感受它們，探索它們。你能感受到你內心的平靜，以及你的友善、好奇。如果遇到非常重要而急迫的事情，你需要在安靜的空間去思考，也可以抽離出來，或友善地請求內在的情緒暫時移到一邊。所以你是靈活的，可以感受到內在生生不息的能量，內在旺盛的生命力由你支配。

面對未來的很多挑戰，正面應戰，活在真實之中，也經常會有很多痛苦。但那是化繭成蝶的過程，你會在自由的空氣中翩翩起舞。願你有顆平靜的心接納自己不可改變的一面，願你有顆勇敢的心去改變你可以改變的另一面。

探索練習

有了愛，分手才有可能完全，換句話說，眞實的愛帶來自由。如果你覺察到這個部分需要加強，恭喜你！假如你做不到，我會鼓勵你透過學習增加力量。

9. 好的婚姻是兩座冰山和諧共舞

什麼是真愛？就是**當我們看待一個人的行爲時，不再僅僅停留在表面，而是同時看到這一切後面的心理需求與成因，從而發自內心地理解並補充其所需的心理營養。**

徐靜蕾說過一句話：「最好的婚姻，是我有病，而你正好有藥。」我們尋尋覓覓，要尋找的終究不是一個完美無缺的人，而是一個能夠彼此理解、彼此支持的人。所以，**幸福的伴侶就是兩座冰山的和諧共舞。**

❤什麼是冰山理論

冰山理論就是一個非常棒的，能夠深入覺察自我、洞察他人內心的工具。它在人際關係中發揮著巨大的作用。

下頁的冰山圖是一個形象的比喻：一個人的「自我」就像一座巨大的冰山，我們能看到的只是表面很少的一部分——行為和應對方式，而暗藏在水面之下更大的冰

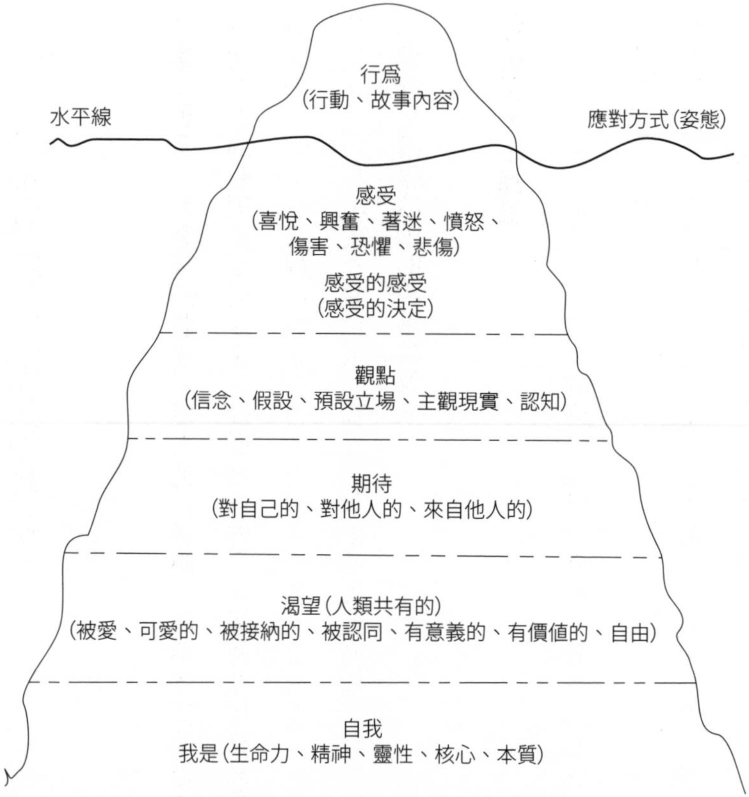
行爲
(行動、故事內容)
水平線
應對方式(姿態)
感受
(喜悅、興奮、著迷、憤怒、傷害、恐懼、悲傷)
感受的感受
(感受的決定)
觀點
(信念、假設、預設立場、主觀現實、認知)
期待
(對自己的、對他人的、來自他人的)
渴望(人類共有的)
(被愛、可愛的、被接納的、被認同、有意義的、有價值的、自由)
自我
我是(生命力、精神、靈性、核心、本質)

冰山理論

山，則是長期壓抑並被忽略的「內心世界」。揭開冰山的祕密，我們會看到生命中的渴望、期待、觀點和感受，看到真正的自我。

根據這個理論，在關係互動中，我們需要透過自己或他人的表面行為，去探索內在冰山，從中找出解決問題之道。每個人都有自己的冰山，認識到內心的冰山，關係就會得到大大的改善。

我們先來瞭解一下冰山理論的每個層面：

一、行爲

行為常常是唯一能看見的部分，人們的言談舉止往往是應對外面世界的表現。

二、應對方式（姿態）

我們對外在處境選擇如何回應或反應，就是我們的應對方式。衝突下，人們往往有四種應對方式：指責、討好、超理智、打岔。

三、感受

感受是普遍的人類情感經驗，比如愛、生氣、害怕等。在個人身上引發這些感受的因素，因不同的人、家庭或文化而異。

「眾生有情，唯人獨多。」人生來就是情感特別豐富的，尊重一個人就應該接納他內心所有的真情實感，而不是選擇性地接納。在前文中提到了情緒是中立的，有陰陽兩面。情緒是能量的顯化，因此控制情緒是下下策，接納和轉化情緒才是上上策。

四、感受（深層）的感受

每種感受都不是單一存在的，它就像洋蔥一樣層層包裹。比如憤怒的深層感受往往是委屈和難過，有時還會有無助和失望等。

五、觀點

觀點是基於現在和過去經驗的結合，不只是根據此刻所見所聞的事實。不同的人對同樣的事件會有不同的感受和想法。所以觀點是存在於我們大腦裡的認知，是我們對事物的信念、規則、價值觀等。

六、期待

我們對他人和自己的期待是根據渴望而來的。渴望是人類共通的，但期待卻因人而異。前文深入剖析了期待背後的移情和投射。

如果更深入冰山下面，你會發現一個很重要的部分——渴望。

七、渴望

渴望是人類共通的，不論是什麼種族、文化、宗教、性別或膚色，所有人都想被愛、被重視、被接納。從出生的那一刻起，嬰兒就渴望被愛，到九十歲亦然。這是所有人持續一生的過程。當渴望未被滿足時，我們就很難與他人溝通，或者溝通不順暢。

八、自我

冰山的核心或基礎就是自我價值，但往往最難覺察和瞭解。它是人的自我評價——「我是誰？」這個部分是生命力的根源。我們的目標是發現本來的真實面貌，並不斷地滋養這個部分，讓生命力不斷地成長，內心充滿喜悅和滿足。

人和人的互動就是一座冰山和另一座冰山的碰撞。

❤如何探索冰山

每個事件都有一座冰山，當事件發生時，在我們的行為背後，冰山各個層次的體驗是同時發生的。但在冰山探索的一開始，可以先逐層探索。在掌握熟練後就可以系統和立體地覺察，甚至每層都可以作為一座冰山來細緻覺察、區分。

一個妻子看到丈夫把髒襪子隨處亂丟很生氣，指責丈夫「我都說過多少次了，要放到洗衣籃裡，你為什麼整天就只會亂丟！」這件事上，妻子的冰山是什麼樣的呢？

行為：看到髒襪子被隨處放置。

應對：指責丈夫到處亂扔。

感受：無奈、憤怒。

深層感受：委屈、失望、無助、無力。

觀點：東西不能亂放，他應該為自己的事負責。我說過很多次，他都不改，一點都不把我當回事。我每天要收拾，很累，他一點都不心疼我。

期待：他聽我的話，按我說的去做。要自理，心疼我。

渴望：被尊重（按我說的做）、被認同（看到我的辛苦）、被愛（把我當回事，心疼我）。

自我：自我價值低（我是一個失敗的女人）。

如果妻子看到了自己的冰山，就會有覺察和思考：「到底是什麼讓自己生氣呢？只是因為襪子被到處扔，需要自己收拾嗎？還是說自己是想控制他，讓他聽我的，從而證明他重視我、認同我呢？為什麼非要要求他和自己一樣擁有整潔的習慣呢？他到處亂放東西，就等於不能自理、不理解我的辛苦嗎？我是否可以尊重別人和我不一樣呢？」有了這些覺察，心情就平靜多了。

♥冰山的轉化

我覺得冰山理論的魅力就在於，哪怕事情沒有任何改變，我們卻可以變得完全不一樣，這要歸功於覺察以及轉化。

轉化的三原則：

一、事情是如何發生的，而不是發生了什麼事。

在生活中，每天都有各種各樣的事情發生，但我們處理事情的方式卻大同小異，因為我們有固有的模式來應對。所以發生了什麼不重要，重要的是我們如何應對。

二、不是要拿掉舊的，而是要增加新的。

與舊的模式鬥爭，就如同在黑暗中掙扎。但是劃破黑暗，僅僅需要的是增加一道亮光。與其拚命地想拿掉舊有模式，不如增加一些新的觀點、新的期待、新的感受進來。當我們能夠從更高的視角來看，新的模式自然就產生了。

三、自由卽選擇，選擇卽責任。

我們存在怎樣的行為、感受、想法、期待和渴望，都是自己的選擇。這是我們的自由。正因為這是我們的自由選擇，就更應該為它們負責。它們都是我們自己的。

舉個例子：

莉莉希望丈夫能重視情人節，期望他能為自己帶來一個浪漫的情人節。可是，情人節當天，辦公室的同事都收到了鮮花，而莉莉的丈夫什麼表示也沒有，她感到失落和生氣。

如果莉莉對老公的「冰山」視而不見，對自己的「冰山」茫然不知，接下來會發生什麼呢？相信大家都很熟悉這樣的劇本：

莉莉帶著委屈、生氣的情緒回家，然後老公看到一張抱怨的臉，為了避免衝突，悶不吭聲……

接著妻子忍無可忍雷霆大發，抱怨老公不愛她，丈夫覺得這個女人莫名其妙，在「鬧」……

妻子被失望透頂的情緒淹沒，心想：「你以為我沒有你不行嗎？你以為我不會走？既然你不在乎我，何不分開……」

兩個人在極其不開心的氣氛中度過了情人節，關係漸行漸遠……

然而，會覺察並轉化冰山的伴侶是怎麼做的呢？

首先，覺察到內心的情緒。花了一些時間平復內心衝突的聲音，你知道自己希望有一個浪漫的情人節，渴望藉這個節日和丈夫有深入的情感連結，滿足自己愛和被愛的感覺。**清楚地看到這些情緒是屬於自己的，期待也是屬於自己的**。也看到丈夫的冰山，雖然丈夫不太懂得表達情感，但他認為努力工作就是愛這個家，他的原生家庭文化一直不重視儀式感，所以他認為情人節慶不慶祝都無所謂。

所以，你決定**爲自己的期待負起一百%的責任**，親自策劃這個情人節。

首先，打電話給丈夫，告訴他今天是情人節，希望收到他送的鮮花，希望今晚和他能共享兩人世界，並和丈夫商量是在家裡吃還是在外面吃。然後，打電話給公公或婆婆，告訴他們今晚需要他們幫忙照顧一下孩子……

接下來，兩座「冰山」如何和諧共舞呢？安排妥當後，懷著喜悅的心情回到家，和丈夫吃了一頓燭光晚餐，喝了兩杯紅酒後，打開心扉：「老公，當我收到你的鮮花時，我真的高興！好像又找到戀愛時的感覺……你可能不太在乎這些節日的儀式，但你的心裡是在乎我和這個家的，你是我們這個家的頂樑柱。雖然你不說，但我看到你平時的忙碌和付出，心裡真的很感動也很心疼。雖然我們已經有了孩子，但我希望我們的感情不要因為忙碌而冷淡。我依然希望我們偶爾有些兩人世界的時光，就像今天這樣，我會覺得很滿足、很幸福。因為你是我生命中非常重要的人，我希望我們能恩愛一輩子。」

這是一種讓雙方都**能感覺到真誠、接納和被滋養的溝通方式**，也是一種讓大家都能**感受到愛和尊重的溝通方式**。

想像一下：如果你的另一半能夠如此和你說話，坦誠地談論你們之間的關係，你聽了會有什麼感受？你是否有一種深深的感動從內心生出？你是否感受到一份溫暖而有力的支持？你是否感覺到一份真誠的尊重和認可？你願意打開心扉來深入地交流嗎？

這個方法並不複雜，我們或許同樣面臨那個問題：我願意嗎？我說得出口嗎？我內心反對的聲音為何那麼強烈？我又該如何去除？這就涉及我們個人內在的自我價值，涉及在成長過程中積壓的無數傷痛和情緒是否得到處理。自我價值是否讓我們有力量去面對自己內心的脆弱和害怕！

我們要豐盈內在的「心理營養」，心靈強大才能無所畏懼，坦然面對才能一次一次地超越。

改變是有可能的，但並不意味改變是容易的！只要我們堅持學習成長，改變就隨時可能發生！

任何衝突都是兩座「冰山」劇烈撞擊的結果。

所有的親密都是兩座「冰山」和諧共舞的傑作。

探索練習

找一個事件分析彼此的冰山，並嘗試做轉化。

10. 結束前回到你的選擇

你還記得本書開始時提到的四種婚姻狀態嗎？看完這本書之後，相信你對婚姻的理解會有不一樣的維度。現在，你可以用更成熟的眼光審視你目前的關係，先搞清楚：

自己和對方原生家庭的創傷點在哪裡？

你們的相處模式是怎樣的？

你們各自的先天氣質有什麼差異？

比如你總想控制對方，而他總是疏離冷漠，這都是從何而來的？

比如你們動不動就大動干戈，冰山下面又發生了什麼？

分析哪些部分是不可以改變的，哪些部分是可以改變的。

比如過去成長的背景和先天氣質是不可以改變的，但情緒狀態、溝通方式和相處模式是可以改變的。

比如已經發生的事情是不可以改變的，但你可以透過覺察內在的冰山，轉變信念和期待，或者透過「內在小孩」的療癒，改變對事情的感受，並增加新的選擇。然後再去評估彼此各自需要成長的部分，你們是否願意去做各自的調整，調整後能否讓關係達成某種平衡，讓雙方都感覺可以繼續。

如果你的伴侶不願意改變，這不是問題。問題是：你是否願意改變？但切記：**不要爲了讓別人喜歡上你，就讓自己變成另外一個人。改變是從自愛開始的**，從而在關係裡多一些理解和愛的流動。

如果你不願意因為對方而改變，又只會為對方帶來痛苦，那麼就要好好考慮：除了痛苦，你還有什麼收穫？這段關係對你的意義是什麼？以及，你是否還要將這段關係延續到生命的盡頭？如果你選擇分手，不要急，花點時間學習怎樣處理得更好。畢竟這段感情是不會無緣無故來到你生命裡的。如果你依然有困惑，或者希望擁有一段更加幸福美滿的關係，衷心邀請你進一步學習。

心，是我們的主人。煩惱、快樂、心力大小，都是心在做主。所有修煉和修為最重要的是要找回這顆「心」。因為世人常常會把「心」弄丟——丟在慣性模式的無明狀態中而不自知。因為與心處於「失聯」狀態，所以製造出一堆煩惱和妄念，導致情緒失控、關係緊張、溝通障礙、健康隱憂……這些不被覺察的妄念都會轉化為被動的命運！

真正的愛、平靜和力量並不遙遠——它就在我們的內心！我們卻長久忽視它。人們渴望獲得愛，卻始終感到迷茫和不安。他們一直對自己缺乏信心，且無法從各種學習中獲得滿足。許多「走心」者都說：聽從內心的聲音，跟著心走。可是他們不知道未被訓練的心會把人們帶跑，他們以為自己做著「身心合一」的事——想做就去做，好比他們只是騎著四處狂奔的野馬，一直在路上，卻不知道「家」在何方。只要還未回家，他們就會沒有安全感，就要不斷地策馬狂奔。**這是因為旅程還沒結束，「心」尚未回「家」**。

僅僅是跟著心走，永遠無法獲得內心的愛、平靜和力量。若不有系統地瞭解內心的運作，你的心就無法回到家，只能一直在外漂泊。讓心隨著情緒起舞，這就是平常說的「跟著心走」。如同教養孩子，若我們讓他為所欲為，他會是個好孩子嗎？所以，孩子不僅需要家長的照顧，更重要的是需要一位有智慧的教練。訓練心智也如此，你需要瞭解自己，並知道如何自我訓練。反之，只期望能遇到一個理解你、包容你的人，結果必定會陷入混亂之中。

生命中最難的階段不是沒有人懂你，而是你不懂自己。你是自己最糟糕的敵人，還是自己最要好的朋友？每個人都是自己心中的明師。每個人都有足夠的智慧可以獲得成功與幸福。進入內在的冰山，更深刻地認識自己、洞察他人，煥發生生不息的生命力。

生命即關係。關係的品質決定了我們的生命品質，想要綻放生命，活出生命全部的意義和價值，就要處理好生命的各種關係。要處理好其他的關係，首先要處理好和自己那顆心的關係。心是一切關係的源頭，外在的人、事、物只是我們內心的投射而已，「心」就是那個創造自己命運的東西。

未經訓練的心是無明的，外在的世界很容易讓它陷入煩惱、快樂、痛苦、激動或憂傷之中。不過，心的真實本質並沒有這些東西。**歡喜或悲傷常常有，這些都是常態，但未經訓練的心迷失後，就容易跟隨著情緒變化。**於是，陷入自己的主觀意識。

心智成長就是要尊重本心，為此，我們必須透過訓練心智去撥開迷霧，不迷失其中，讓它能平靜下來。我們學習成長的一切努力，都只是為了擁有一顆平常心，更好地覺察情緒，經營好親情關係、親子關係、人際關係，從而擁抱幸福的人生。

再一次恭喜大家踏上讓心回家的旅程。

寫在最後

慢就是快，少就是多

很多人覺醒後決定要為自己的人生負責任，他們期待能過上幸福的生活，與伴侶琴瑟和鳴。可是他們很快又會掉進另一個陷阱，當衝突再次出現時，許多人就會覺得很痛苦，重新被無助、無望、無價值的病毒信念所拘，認為「別人做得到，我做不到」、「太難了」或「沒有可能做得到」。他們相信了這些想法後，就很容易半途而廢。

速食年代，好像什麼都要快，生怕慢一點就會被淘汰。耐心被很多人認為是浪費時間。《道德經》告訴我們：慢就是快，少就是多。你之所以浮躁，是因為太著急。

一位學僧問禪師：「師父，以我的資質，多久可以開悟？」

禪師說：「十年。」

學僧又問：「要十年嗎？師父，如果我加倍苦修，又需要多久開悟呢？」

禪師說：「得要二十年。」

學僧很是疑惑，於是又問：「如果我夜以繼日，不休不眠，只為禪修，又需要多久開悟呢？」

禪師說：「那樣你永無開悟之日。」

學僧驚訝道：「為什麼？」

禪師說：「你只在意禪修的結果，又如何有時間來關注自己呢？」

只聚焦在結果上的時候，心智就會紊亂，從而失去對當下的覺察。

六祖慧能在《壇經》中說：「一切福田，不離方寸。從心而覓，感無不通。」你已在心田裡撒下幸福的種子，但是不要忘記，這塊心田過去數十年一直雜草叢生，無人照管。因此，不要期望這塊心田短時間內就花香滿園。「種瓜得瓜，種豆得豆」，你不僅要澆水施肥，悉心照料，還得去除雜草，這些都需要園丁持之以恆地辛勤耕耘。

一切成長與成熟都需要時間，如果我們在尚待發芽的過程中，就因為沒有耐心等待而半途而廢，那漫長的一生，將什麼收穫也沒有。如同竹子在地下扎根多年才能一夜生長速度驚人，人的成長也需要厚積薄發。

學習任何事物都需要時間。當我們用一種新的方法做事時，剛開始會不習慣，但堅持一陣子必然有所獲。為此要記得：有耐心一點，一切都將變得自然，變得正常。

我們不可能在一兩天內就完全學會愛自己，而如果我們每天都能從容一點，放下心中不必要的比較與欲望，安住當下，便每一刻都在成長。

附錄

婚姻個案實錄：重塑婚姻關係

個案背景：

這對夫妻分分合合，已經簽過三次離婚協議，來諮商前處於分居狀態，在分居期間多次發生嚴重衝突。在好朋友多次耐心勸說下，終於不遠千里找我進行諮商。在此把這個個案加以整理的目的有三個：

一、讀者透過個案剖析，會對前面章節的內容理解得更深刻。

二、讀者可以借助這個個案重新梳理自己的關係。

三、為從事婚姻諮商的諮商心理師提供參考。

（為了保護來訪者隱私，部分內容略有改動）

❤第一步：錨定意願和目標

少芬老師：「你們希望透過諮商達到什麼樣的效果？」

丈夫：「我希望我和她都可以完全敞開心扉，讓老師瞭解一切真實的情況。」

少芬老師轉向妻子：「那你呢？你想達到什麼樣的效果？」

妻子：「我也是希望在老師的幫助下，讓我們發現自身的問題，去做積極的改變。」

少芬老師：「非常好。如果大家看到過去的盲點以及自身可以提升的方向，兩位是否願意負起屬於自己的那部分責任並主動改變？」

丈夫和妻子表示願意。

少芬老師：「那我們可以開始了。」

❤第二步：瞭解夫妻衝突背後的原因

少芬老師擺出兩個木偶，對丈夫和妻子說：「我邀請你們想一想現在彼此內心的距離有多遠。」

妻子說：「很遠很遠。」

少芬老師邀請妻子設置木偶的距離。

問丈夫：「你看一下這個距離，是這麼遠嗎？」

丈夫說：「我覺得我們的距離比這個還要遠，遺憾的是這個房間太小了。」

少芬老師：「那你的意思就是說，你們內心的距離其實很遠嗎？」

問妻子：「那你們兩位在矛盾衝突的時候，丈夫是什麼樣的狀態？」

妻子：「指責。」

少芬老師：「那你看到丈夫指責你的時候，你有什麼反應？」

妻子：「指責。」

少芬老師：「嗯，你也以牙還牙。雙方互相指責的時候，誰比較強勢一些，掌控欲會更強烈一些？」

妻子：「對方越強的時候，我也越強。」

少芬老師：「兩個人都是遇強越強的。」

（少芬老師把木偶人墊高。）

少芬老師：「你們看到這兩個木偶人這個樣子有感覺嗎？」

丈夫：「有。」

少芬老師問丈夫：「你們兩個是一樣強嗎？」

丈夫：「我一定要比她強。」

少芬老師：「你看她也不弱，她好像也很強。」

丈夫：「她打不過我。但沒有真正動過手。」

少芬老師：「哦，你覺得自己是男人，你有底氣，就一定可以掌控對方？」

丈夫：「對，我有底氣。」

少芬老師：「嗯，兩個都不甘示弱。（增加木偶的高度）小孩跟誰比較親？」

妻子：「女兒現在住在爺爺奶奶家，她沒有跟我們住一起。在一起的時候，會跟我比較親一點。」

少芬老師：「女兒離開你們已經有多久了？」

妻子：「有一年了。」

少芬老師：「那就是三歲左右就離開你們了。」

少芬老師拿起代表女兒的木偶：「那這個先撤掉了，這裡都沒有她的位置。兩個大人連自己都沒有管理好，怎能有精力管這個孩子呢？看起來這是一段挺令人心痛的關係。因為愛走進了婚姻，現在這段關係又充滿了憤怒。」

少芬老師問妻子：「在這個關係裡，你除了憤怒，還有其他什麼情緒？」

妻子：「除了憤怒、指責，還有委屈。委屈會更多，因為做了很多事情，所以有很多委屈。」

少芬老師：「你付出了很多，但是沒有被看見，沒有被肯定，所以很委屈。」

妻子：「是。」

少芬老師：「委屈又產生了更多的憤怒。」

妻子：「對。」

少芬老師轉向丈夫：「你呢？看著她，你現在有什麼感覺？」

丈夫：「我覺得她作為我的愛人，從來不懂我。」

少芬老師：「你覺得這個女人不懂你。（老師拿起代表丈夫的木偶）我聽到這個男人的背後有一個聲音在說：你不懂我，我希望你能懂我。」

少芬老師：（把代表妻子的木偶放到丈夫那一邊）「進入這個男人的內心，他的內心說，我想要這個女人能懂我。看看對面這個女人，她活在自己的委屈裡，她有很多的悲傷和眼淚，所以她有沒有能力去看到這個男人的內心？」

妻子：「沒有。」

少芬老師：（邀請丈夫看著代表妻子的木偶）「看著她，她有很多委屈。她做了很多事情，她覺得自己沒有被看見，沒有被認可。再看看這個男人，他期待這個女人能懂他。但是你們有沒有看到對方的委屈呢？」

丈夫：「有看到，但是被掩蓋了。」

少芬老師：「好，你看到了，但是有沒有表達出來呢？」

丈夫：「沒有。我覺得我在外面工作所承受的煎熬比她多得多。」

少芬老師邀請丈夫和妻子面對面。

少芬老師走到丈夫旁邊：「跟你的妻子說，我覺得我在外面承受的壓力，比你承受的要大很多很多倍。」

丈夫：「我覺得我在外面承受的壓力，比你要大得多得多。你根本就沒有看到，你根本就沒有理解過我的壓力。我不是為了我自己，我是為了這個家。」

妻子：「在我心裡，他不是為了這個家。我只覺得他只是為了賺更多的錢，可以有更多的安全感。他從來沒有考慮過我要的是什麼。（哽咽）」

少芬老師：「所以，你們兩位彼此內心都有一些沒有被滿足的期待。有看到嗎？（走到丈夫這邊）『我的辛苦沒有被看到，我的妻子不懂我。』（走到妻子那邊）『我的委屈、我的付出，也沒有被你看見。』你們有沒有留意到，儘管兩個人的表達方式有點不一樣，但你們兩個人都蠻相似的。丈夫的內心其實也有委屈，只是他沒有表達出來而已。」

丈夫：（沉默了一下）「有。」

少芬老師：「丈夫有委屈，妻子也有委屈，然後兩個人內心的委屈延伸出很多的憤怒。接下來我們看一下這個委屈和憤怒的根源在哪裡，好不好？這個委屈和憤怒是因為對方說了很多難聽的話，我就反抗。但這是表面的。我們來看一下真相好不好？」

（少芬老師再一次指出了兩個人的共同點，不知不覺拉近兩個人的距離）

兩個人點頭。

❤第三步：瞭解丈夫原生家庭對他在婚姻中的影響

少芬老師：「我們先來看一下丈夫的原生家庭。（問丈夫）你是在爸爸媽媽身邊長大的嗎？」

丈夫：「是啊！十五歲之前都是。」

少芬老師：「那在你的眼裡，爸爸媽媽心與心的距離有多遠？」

丈夫：「也是很遠。在十五歲的我看來是很遠的。」

（少芬老師拿出另外兩個木偶，讓丈夫擺出距離）

少芬老師：「在矛盾衝突裡面，他們是什麼狀態？」

丈夫：「我成績不好，媽媽輔導我做作業，然後會覺得我有很多問題。（哽咽）媽媽會跟爸爸說我有很多問題，然後爸爸會打我。」

少芬老師：「哦，明白。（拿出一個小男孩模樣的木偶）所以這是一個在指責下長大的孩子。同時父母對這個孩子有很多期待。你在家裡排第幾？」

丈夫：（流眼淚）「我是獨生子。」

少芬老師：「有眼淚是可以的。有眼淚只是代表此刻你的心非常敞開，你正在和自己的內心對話。」

丈夫拿出衛生紙擦鼻涕。

少芬老師：「這已經涉及到一個親子教育的話題了。獨生子女的家庭裡，父母對孩子的期待一般來都說非常高。但是站在孩子的角度，他能理解父母嗎？（邀請丈夫和妻子坐在地上，老師指著他們）從孩子的角度看，他很難理解這些指責就是愛。他只會覺得是什麼？」

丈夫：「嫌棄。」

少芬老師：「是嫌棄，嫌棄我不夠聰明……」

丈夫：「他們本來感情就不是很好。他們就打我來出氣（哽咽），我媽透過窗戶看到我在玩，就會跟我爸爸說快去快去，我爸看我沒有做作業就打我。」

少芬老師：「這個時候你會有什麼感想？」

丈夫：「那個時候我就覺得我打不過我爸，但是我絕對能打過我媽，我爸不在家時，我媽打我我就還手。」

少芬老師：「你打過你媽媽？」

丈夫：「對，她打我我就還手。」

少芬老師：「所以我能夠感受到你對母親其實是有憤怒的。」

丈夫：「對。」

少芬老師：「回想小時候面對媽媽的指責，你有什麼話想跟她說？」

丈夫：（沉默）

少芬老師：「回想小時候，她對你說過哪些話？你內心會對自己母親有什麼評價呢？這是一個怎樣的媽媽呢？」

丈夫：「沒有主見。爸爸要她打我就打我。」

少芬老師：「沒有主見，還有呢？你會用什麼形容詞來形容她？」

丈夫：「她和我爸互相指責。那個時候我不喜歡她。我覺得她不關心我。」

少芬老師：「你覺得你媽媽不關心你，她不懂得怎麼愛你？」

丈夫：「是的。小時候，有一次我光著腳踩到一根釘子上，然後她就說拔出來就好了。」

少芬老師：「哇！腳踩到釘子，你有什麼感覺？」

丈夫：「我在流血，我覺得很痛啊，我覺得是不是應該去醫院。她只說拔出來就好了，然後我自己就拔出來了。」

少芬老師：（頓了一下）「哦，那時候你有什麼感覺？會覺得媽媽冷漠嗎？」

丈夫：「我覺得就應該拔出來，自己應該堅強一點。就這樣覺得。」

少芬老師：「剛才你說，她不關心你。現在我聽到的只是一個成人對這件事的理解。如果進入一個小孩的內心，他當時會有什麼樣的感覺？」

少芬老師看著妻子：「如果你踩到釘子，你希望媽媽怎麼做？」

妻子：「我希望媽媽安撫我一下，然後幫我處理。」

少芬老師：「這個時候媽媽的表現是否有表達出對孩子的重視呢？他的痛有被感受到嗎？什麼叫重視感？哇，我的天哪，好像釘子就扎在她的心裡一樣，很心痛，很緊張，然後急著去幫他處理傷口。這個過程中，孩子的腳可能會很痛，但是他的心會很溫暖。是不是？」

妻子：「是。」

少芬老師看著丈夫：「對你來說，你已經掩蓋了這些感受。基於對母親的忠誠，把母親的反應合理化，覺得人應該堅強一點。因為媽媽是這樣說的，所以自己就這樣做，但這違反人的心理本能需求。所以我邀請你回到小時候，當踩到釘子的時候，看著媽媽的反應，你有什麼感覺？」

丈夫：「她當時在廚房炒菜，她看了一眼，說你自己拔出來就可以了。我當時是沒有想到她會說這樣的話，這個我記得很清楚。然後我就自己拔了出來。」

少芬老師：「透過這個過程，你學會了什麼？」

丈夫：「學會堅強，一個人面對困難。」

少芬老師：「學會堅強地面對困難，同時也學會了冷漠。你隱藏了你內心那份對愛的渴望。我邀請你重新去看你和妻子這段關係，有沒有冷漠在裡面呢？在母親這裡學到的冷漠，有沒有搬到婚姻關係裡面去？」

丈夫低頭沉思片刻：「有。」

少芬老師轉向妻子：「你曾經有過眼淚嗎？」

妻子：「有。」

少芬老師：「她流眼淚的時候，回顧一下你的反應？」

丈夫：「我覺得我有眼淚的時候，我自己調整一下就好了。我覺得她也一樣，自己調整一下就好了。」

少芬老師：「所以在這裡你有一個對情感的觀念。痛，就自己解決啊！我痛是我自己解決的，媽媽都沒有給我關心，所以當妻子有傷痛和委屈時，天經地義應該自己處理。」

少芬老師問妻子：「你哭的時候，希望這個男人有什麼反應？」

妻子：「安撫我，安慰我，問我是什麼原因。比如說給我一個擁抱。但他給我的反應基本上就是『你有什麼好哭的？』他不明白我為什麼要哭。」

少芬老師：「所以剛才你留意到，他這個觀點是從哪裡學到的？」

妻子：「父母那裡。」

少芬老師：「所以這是一個心錨，這個心錨下得重不重？那個釘子扎到腳裡面啊！媽媽居然覺得炒菜比兒子腳受傷更重要。你可以想像這個畫面嗎？這個畫面傳遞了什麼樣的感覺？冷漠，非常冷漠。很明顯，媽媽不知道什麼是關心，她也不知道怎麼去表達愛。所以，先生小時候有沒有從媽媽身上學到關心的能力？我不知道他的媽媽小時候經歷了什麼，可能有很相似的一些經歷，所以也令她不知道如何表達情感。請問這個心錨有沒有影響到你的婚姻？」

丈夫：「有。」

少芬老師：「你童年曾經被漠視的經歷已經延續到婚姻裡，漠視你的妻子，乃至你的孩子。再從孩子的角度看你的爸爸，你覺得這是一個怎樣的爸爸？說幾個形容詞。」

丈夫：「不理智、脾氣暴躁、有力量、簡單粗暴、凶惡。」

少芬老師：「似乎除了有力量這個詞，其他都是負面的形容詞。你能說說父親在你心中的印記嗎？」

丈夫：「他就是常常打我，在各種場合打我。有時候我比較調皮，早上買的新衣服，下午弄髒了，他就叫我把衣服脫光光，連內褲都不剩，在自己家門口的馬路上站一個小時。他會因為我把衣服弄髒了而懲罰我，讓我覺得自己不配穿衣服。」

少芬老師：「我能感受到這個孩子受到很深的羞辱。現在你已經長大了，現在幾歲？」

丈夫：「現在三十五歲。」

少芬老師：「還很年輕。現在我邀請你用三十五歲的眼光去回看當年這個畫面。那個事件曾經帶給你什麼樣的感覺？」

丈夫：「我非常怕鄰居的女孩看到我。」

老師：「是的，那個事件為你種下了羞恥的心錨。當然行為背後都有正面動機，爸爸的懲罰背後，動機是什麼？是希望你刻骨銘心，看你下次穿衣服還敢不敢弄髒，他希望你懂得珍惜。可是對於一個孩子來說，他接受了這樣的懲罰，他接收到的是什麼？一個羞恥和羞辱的心錨。會不會隨著時間的推移而自然消失呢？不會的。在小時候種下羞恥的種子，長大以後他會變得很敏感，會懷疑別人是不是戴著有色眼鏡看他？是不是小看他？很容易就會出現一個自動化的防禦機制，去攻擊，去保護自己，證明自己。我邀請你去回看自己成長的經歷，有沒有過這些現象？」

丈夫：「有。會很在乎別人對我的看法。」

少芬老師：「對妻子呢？」

丈夫：「我很在乎她對我的看法。」

少芬老師：「爸爸媽媽指責的程度和你們夫妻間的指責比起來，哪個比較高？」

丈夫：「一樣。我媽和我爸吵架，我媽說你有本事把這台電視砸了，我爸就會把電視砸了，同時我媽媽也會把別的東西砸了。」

少芬老師：「所以你從小看到爸爸媽媽會透過砸東西來宣洩情緒。」

丈夫：「對。」

少芬老師轉向妻子：「我們想像一下，作為這個家庭的孩子，他有沒有安全感？我們可以評估一下這個孩子安全感的分數有多少分？零到十分，有多少分？孩子看著爸爸媽媽一起砸東西，他會有恐懼嗎？再來評估一下這個男生內在的自我價值感，被爸爸扒光衣服，腳被釘子扎了媽媽也沒關心。他內在的價值感，如果零到十分，會有多少分呢？是負分而不是零分！零分只是沒有肯定過自己，但這是羞辱，很深的羞恥感。假如這個人是你，你經歷了這樣的羞辱和否定，會種下怎樣的種子，能想像到嗎？他說這些事早就已經過去了，自己已經成熟了，可以讓自己變得跟爸爸不一樣，可以讓自己變得比較理智一些。（轉向丈夫）但小時候種下的羞恥感會令你依然很敏感，我猜你應該很在乎她對你是否尊重。」

丈夫：「非常在乎。」

少芬老師：「你覺得她什麼時候不尊重你？你就會很生氣？」

丈夫：「嗯，吵架的時候或者遇到一些事情不跟我商量的時候。」

少芬老師：「我猜你會很敏感。」

丈夫：「吵架的時候，她的表情讓我很不爽。」

少芬老師：「透過這個表情，你看到了什麼訊息？」

丈夫：「藐視我。」

少芬老師：「請留意，被藐視的心錨是在什麼時候留下的？妻子的表情會觸發你內心被羞辱的感覺，是在什麼時候種下的？被扒光衣服的時候，你非常害怕有女孩子經過，非常害怕女孩子用藐視的眼光看你，因此你會用憤怒來保護自己的自尊。你感受一下這個過程。長大後，你看起來很強大，但實際上，這些都是埋藏在你內心深處的感覺，你一直努力消除這些羞恥感。小時候被羞辱過，長大後通常會有兩個極端的表現：極端的自卑和極端的自我證明。自我證明是什麼？就是不斷抓住一切機會來證明自己是有價值的，我是值得被尊重的，我是有用的。這個證明的方式其實是在保護自己內心的自卑感。讓人覺得你已經長大了，沒有人敢再欺負你。」

丈夫：（流淚）「嗯，是的。」

❤第四步：指出丈夫成長的方向

少芬老師：「邀請你去感受一下此刻的眼淚，這是內心真實的語言，這些眼淚在你內心凍結了二十多年。這些眼淚一直沒有被釋放出來，如同你也不允許妻子有眼淚一樣：『我不允許自己有眼淚，我要堅強。』請留意，拔釘子那件事情帶來的信念：『我要堅強，我要自己照顧自己。』這個信念在那個時候是有效的。因為你不幫你自己，就真的沒有人能幫你，但是你要記住：時空變了。如果把那個時候的信念放到婚姻裡，你會發現，這個信念是不對的。而且這會成為你們之間情感連結的一個最大障礙。夫妻為什麼要在一起？如果自己顧自己，你的情緒你管好，我的情緒我管好，那不要結婚就行了。為什麼要結婚？是因為需要關心，需要感受愛與被愛的感覺，所以走進了婚姻，是這樣嗎？但是，如果按照小時候的印記、信念，『我的釘子由我來拔，你的釘子也由你來拔』，那兩個人乾脆分開各自生活，為什麼要在一起？所以，我們在這裡看到一個很強大的信念：各自拔釘子。」

少芬老師：「這個婚姻缺乏連結了。婚姻是需要有連結的，有愛的流動，互相滋養的。你給我安全感，我給予你安全感；我肯定你，你認可我；你重視我，我也在乎你。但是，這個男孩沒有安全感，所以他也沒有辦法給妻子想要的安全感。婚姻就是一面鏡子，我只能給你我有的。沒有的，我怎麼給你呢？不是不想給，而是他沒有。」

少芬老師：「父母也沒有為他做這個榜樣，他沒有體驗過。所以，（轉向妻子）如果你有這個能力，對他多一些尊重和理解，多一些關心，走進他的心，讓這個男人在你面前自由地流淚，那可能你就是他離不開的人。能聽明白嗎？」

妻子：「明白。」

♥第五步：瞭解妻子原生家庭對她在婚姻中的影響

少芬老師：「一段婚姻需要兩個人去創造經營。我們來看一下妻子的原生家庭。（問妻子）你喜歡爸爸還是喜歡媽媽？」

妻子：「喜歡媽媽多一些。」

少芬老師：「爸爸媽媽在你小時候給你的印記是怎樣的？他們親密嗎？」

妻子：「也有吵架，但指責和憤怒比較少。因為我母親對我和妹妹很疼愛。他們在吵架的時候會避開我們。」

少芬老師：「他們吵架的時候會盡可能避開你們，但是你知道他們吵架。」

妻子：「有時候有感覺吧，但是沒有那麼多。我媽媽是那種內心很柔弱的女性，很多時候別人要她做一些令她為難的事情，她也同樣會去做。」

少芬老師：「所以她有很多委屈。」

妻子：「她會有委屈，但同時，她會把自己塑造成一個女強人的形象。」

少芬老師：「你小的時候因為和媽媽感情很深，所以你對媽媽的感受會很強。」

妻子：「對。」

少芬老師：「一邊把自己塑造得很強，同時又很壓抑、很討好。勉為其難的事情，她全部都會照做。」

妻子：「是的。但她會指責爸爸。」

少芬老師：「在外面她是討好的，對爸爸是指責的。」

妻子：「我爸爸不是我親爸爸，是我的繼父。在我很小的時候，他們就在一起了。那個時候，我並不知道他是繼父，知道的時候已經十幾歲了。」

少芬老師：「你甚至不知道他是你的繼父？」

妻子：「因為我母親一直帶給我們正能量，她不希望家庭的破裂對我們造成太多影響。」

少芬老師：「明白。媽媽就和很多人一樣，不想把一些不屬於孩子的悲傷帶給孩子，所以她一直隱藏這個真相。」

妻子：「是的。我一直覺得父親無視我的存在，對我也不好也不壞，但是他對我妹妹的態度很不一樣。」

少芬老師：「妹妹是他和媽媽生的？」

妻子：「嗯，是的。」

少芬老師：「所以你感覺父親對你和妹妹是有不同的。」

妻子：「對。」

少芬老師：「你是在什麼時候知道這個祕密的？」

妻子：「大概十二、三歲。上國一或國二的時候。當時知道的時候是無意識的。我收拾東西的時候無意中翻到媽媽的戶口名簿，上面寫的是「離婚」。當時很吃驚，但是沒有去問。一直到我媽真正敞開心扉跟我說這件事，是在我十六歲的時候。」

少芬老師：「那你現在回想這件事情的時候有什麼感覺？我感覺到你有一份壓抑。」

妻子：（流淚）「有。我忽然就明白父親為什麼那樣對我。無論我做多少事情，總也得不到他的肯定。我忽然就瞭解了，就不會為了得到他的認可而去做很多事了。」

少芬老師：（對著丈夫）「我邀請你去看到她的眼淚。（問妻子）這個眼淚，你在那個時候向媽媽表達出來了嗎？」

妻子：「沒有。從來沒有說過。我媽媽很在意我的感受，在爸爸面前她很維護我，甚至有的時候給我的愛會比給我妹妹的愛更多。我妹妹就經常說我媽媽偏心，感覺對我好、對她不好。」

少芬老師：「你有很多委屈，對媽媽也不敢表達。你怕她傷心。是這樣嗎？」

妻子：「當時我就覺得我媽媽很不容易。我覺得如果是我，我做不到這樣。所以我不會和她說很多事情。」

少芬老師：「所以，在這裡有一些尚未表達的悲傷。如果有機會重新回到你十二歲，當你知道這個祕密的時候，我邀請你把藏在內心不敢說的話向你媽媽去表達。想像你的媽媽就在面前。」

妻子：（開始流淚）

少芬老師：「閉上眼睛，回到你十二歲的時候。這麼小，你內心一直渴望能夠得到父愛，你做了很多努力，可是爸爸一直沒有肯定你。當你知道他不是親生父親的時候，你內心的悲傷無處可說。雖然眼淚都吞到了肚子裡面，但這些眼淚、委屈並沒有釋懷。所以，如果有一個機會，你如何向媽媽表達？放下所有的擔心，把你最真實的心裡話向媽媽表達。」

妻子：（悲傷地流淚）「媽媽，你應該告訴我這一切。如果我知道這一切，就不用那麼在乎他對我的看法了。我不用去做那麼多事情來證明我自己。」

少芬老師：「你依然很隱忍，很客氣地在和你媽媽說話。你有擔心。擔心媽媽有更多的委屈和難過。所以，你太懂事了，你懂了一個孩子不該懂的事。你太壓抑了，你壓抑了一個孩子不該壓抑的情感。」

❤第六步：指出妻子的成長方向

少芬老師對丈夫說：「父愛的缺失會成為她很大的遺憾，想要不敢要，想說不敢說。裡面有很多的委屈和眼淚。（對妻子）現在你已經意識到這些委屈情緒的根源，需要學會如何轉化，並對自己的情緒負責。」

❤第七步：讓夫妻重新連結情感

少芬老師：「你們都有被凍結的情緒。所以在衝突時會無意識地表現出冷漠。不是自己想冷漠，這只是一種慣性的自我保護方式，背後都有正面動機。妻子怕媽媽更加難過，感覺媽媽肩負的東西已經夠多了，不想增加媽媽的負擔了。是不是很懂事？過於懂事就把自己的眼淚凍結，不再表達。情緒凍結是不是意味這些情緒就會消失？

不是。（看向丈夫）孩子腳被釘子扎了，媽媽依然在炒菜，冷漠地說你自己拔掉就行了。所以，你們各自在成長過程裡都有各自的功課。你們還有一個共同的特點，剛才都有觸碰到內心的眼淚，但是眼淚很快就收回去了，意味著心門是很不容易敞開的，情緒的表達是不自由的。所以，在婚姻裡，會不會影響到你們的溝通和交流？」

夫妻：「會。」

少芬老師：「我想問問，眼淚是不是一個好東西？眼淚是來自內心深處的。如果我們要對眼淚有個詮釋的話，眼淚是內心的語言。當我否定對方的眼淚時，我就把她的眼淚堵住了，於是對方的心門就關上了。所以，當丈夫說「你自己哭」、「你自己處理」時，這意味著你在拒絕和她用心去溝通。當她有眼淚的時候就說明她的心門是打開的，她內心有很多委屈和無助要表達，她一直渴望父愛，但她不知道她的爸爸去哪裡了。她一直很努力地做好自己，但是一直沒有得到繼父的肯定。那麼，她在成長過程裡有沒有機會學習怎樣和男人親密相處？沒有。她一直和繼父保持著一定的距離。這個女孩進入婚姻之後是不是也會與丈夫保持距離？這是潛移默化、不知不覺的。」

少芬老師：「如果她小時候經常和爸爸隨意開玩笑，哪怕是扯爸爸的頭髮、衣服，爸爸都能和顏悅色，那麼這個女孩長大以後見到男生會不會不知所措？不會。她可以很容易接觸異性，她不需要在男人面前防備、保持距離，或者猜疑。這對女孩未來的一生影響很大，進入婚姻後，她和丈夫的關係、肢體的連結是很強的。如果成長過程中與爸爸保持距離，可能你和她親熱的時候，她不知道為什麼就會推開。我猜會有這個部分。這是我的直覺，妻子會推開丈夫。你會心裡面有抵觸，是這樣嗎？」

妻子低著頭：「是的。」

少芬老師手裡拿著木偶：「所以，丈夫在這個部分要看到真相。如果我們不知道真相的話，丈夫在性生活裡要親熱，妻子卻很冷漠，丈夫會不會有被嫌棄的感覺？會不會懷疑妻子不愛他？」

少芬老師：「丈夫的自尊會很受挫，覺得你看不起我。那一瞬間他可能不說出來，但會成為一根刺，會覺得這個女人並不愛我，他會起疑心。所以，不要小看一個無意識的舉動。它會延伸出一連串、一系列的行為反應。但這是無意識中演繹出來的。那如何解決？」

（看向夫妻木偶代表的強烈指責狀態）

少芬老師：「重新再回顧這個關係，有沒有不一樣的感受？」

丈夫：「有。」

少芬老師：「你有什麼不一樣的感受？」

丈夫：「兩個人都因為安全感的問題在相互防衛。」

少芬老師：「你可以想像他們都穿了多少層盔甲？（問妻子）你覺得穿了多少層的盔甲？」

妻子：「應該有好幾層。其實我付出了很多，但他給不了我想要的那種回應。」

少芬老師：「我們今天可以一起來看一下原生家庭是如何影響擇偶觀的。你們為什麼選擇了彼此？都是因為彼此有相互吸引對方的地方。這個背景裡長大的男生，希望能找到一個怎樣的老婆？（問丈夫）你希望她是一個怎樣的女人？」

丈夫：「溫暖、安全。在家庭裡，她對我好，給我溫暖，尊重我，能表現出我的價值。」

少芬老師拿起妻子的木偶代表：「剛認識的時候是這樣的，她很乖，體察入微，關心你。」

丈夫：「是的。」

少芬老師：「這是你要的。噢，是從什麼時候開始變成指責的呢？（朝向妻子）你為什麼會找他呢？他找你是因為你的細心，你懂得關心、照顧人。你找他是什麼原因？」

妻子：「就是覺得他能夠帶給我一種安全感。因為我從小缺少那種父親的感覺，感覺他比較有力量，可以保護我。」

少芬老師：「哇，天作之合，一個是柔弱的女子，一個是剛強的男人。看起來是不是陰陽和合的完美結合？所以她的柔弱激發了你的保護欲，而你的保護欲也會讓她覺得很有安全感。她的柔弱正好襯托出你的強大。那我很好奇，你們是怎麼變成後來那個樣子的？什麼時候？」

妻子：「應該是從生完小孩以後，因為我需要很多幫助，在這個過程中卻沒有人幫助我。」

少芬老師：（問丈夫）「是生完小孩之後嗎？之前還是挺好的。」

丈夫沉默。

妻子：「應該是我懷孕的中後期吧，他是給了我安全感，但是對我的關懷其實很少，很多事情都要我自己去做。記得我懷孕七個月的時候，肚子已經很大了，還要自己煮飯。冬天下雪後路面很滑，我要自己去買菜，左右手都要提很多東西，甚至有一次大著肚子在路上摔倒了，但是沒有人幫我。然後我回到家和他說：『我現在買菜不方便，以後你幫我去買菜，我自己煮飯也行。』他就只會說：『讓你買個菜又怎麼了？』、『不就懷個孕嗎？又能怎麼樣？』」

少芬老師：「所以當你聽到這些話的時候，有什麼感覺？」

妻子：「很無助。」

少芬老師對丈夫說：「請留意一下這份無助感。父親是山，母親是水。她從小就沒有靠山，這是一個遺憾。在婚姻裡，都說女人在懷孕的時候是最受寵的時候，但是她並沒有享受到這份被寵愛的感覺。首先是因為這個男人在他的成長經歷裡沒有被人疼過，所以他也不懂心疼別人。」

妻子：「對。」

少芬老師：「他不知道怎麼心疼你。所以這又勾起了你童年的一些創傷，就會勾起內心的失落、委屈、無助。沒有孩子之前，你還是很盡心盡力去照顧這個男人，是嗎？」

妻子：「是的。」

少芬老師：「嗯，有了孩子以後精力就被分散了。」

妻子：「我發現我除了照顧他之外，還要照顧孩子。很多事情要自己做，他認為是對我好，他要培養我的自立能力。」

少芬老師：「你現在有新發現嗎？」

妻子：「他的父母就是這樣訓練他的，所以他現在就這樣訓練我。但是我想要的是我有困難時，老公會給我一些幫助。我不是要依賴，只是想感到溫暖。但是他不覺得，他覺得現在我可以幫助你，如果我不在了，你怎麼辦？所以你必須學會自己去做這件事情。」

「因為一直得不到幫助，所以就開始換方式。我就用他對我的那種方式來對他，希望這樣他就能夠體驗我的那種感覺，然後我們就變成互相指責。越來越多爭吵，矛盾就升級了。」

少芬老師：「所以你現在看到，問題就是答案。（對著妻子）來，先從你這裡開始。你想要溫暖，卻想從一個不知道溫暖為何物的男人身上要溫暖。如果持續這樣要下去，你覺得會有結果嗎？」

妻子：「不會。」

少芬老師：「你可以繼續堅持這樣一個目標：想創造一個溫暖有愛的家庭。你覺得需要怎樣做才能達到這個目標？」

妻子：「我覺得首先要改變自己。因為自己在原生家庭缺少一份安全感，沒有得到重視。」

少芬老師：「你很希望丈夫能夠重視你，因為你從小就沒有得到過。『我懷孕時跌倒了』，這句話背後的聲音是什麼？是希望丈夫能夠在乎你。但是丈夫的目標卻是訓練你獨立。你覺得可以怎麼做？」

妻子：「我覺得首先需要從我自己改變。我們這些互相指責可以變成理智的對話。」

少芬老師：「如何改變你自己？」

妻子：「我覺得我自己要給自己足夠的安全感。」

少芬老師：「你要給自己足夠的安全感。首先學會自己愛自己，如何愛呢？」

妻子：「做自己喜歡做的事。不是說他想做什麼，我就去迎合他。我覺得以前忽視了這個方面。」

少芬老師：「這是一個很好的突破點，除了這個呢？」

妻子：「我覺得我對孩子虧欠了很多。我希望把孩子接到我們身邊來。然後如果我們能各自調整改變，能達到和睦，我希望家是完整的。但要是真的達不到和睦的狀態，孩子成長在那種充滿爭吵的家庭裡，我覺得這對孩子來說未必是一件好事。」

少芬老師問丈夫：「你現在的方向是什麼？」

丈夫：「覺得最好是能夠把孩子接過來，重新經營一個完整的家庭。」

少芬老師：「剛剛妻子說，要學會愛自己。愛自己是有不同的層面的。比如買些自己喜歡的衣服，打扮自己，這只是表層。更重要的是學會覺知自己的心究竟發生了什麼。我們內心的小孩其實在成長過程裡被灌輸了很多信念、價值觀。很多遺憾、受傷和被凍結的情緒在心裡，而這些創傷有沒有被療癒呢？哪些期待沒有得到滿足呢？都沒有。缺失的心理營養如何讓它重新豐滿起來？這些才是愛自己的核心。丈夫說，覺得自己已經長大了，看起來比較成熟了。但是，在親密關係中情緒為什麼那麼大？因為勾起了內在小孩裡面的一個創傷。所以如何回過頭來安撫這個受傷的小孩，讓這個受傷小孩的心智重新成長起來，這是一個很重要的議題。當情緒和衝突起來的時候，要去問自己：我究竟發生了什麼？為什麼那麼痛？是什麼樣的心錨引起了我心中的那份傷痛？然後你有能力去療癒你自己。這時候你會發現，無論你遇到什麼樣的人或事，再也沒有任何人可以傷害到你了。他無法傷害你，也無法再刺激到你。所以要找到一個真正懂自己的人，在哪裡呢？」

丈夫拍拍自己的心口：「在我自己這裡。」

少芬老師按按他的心口：「在你這裡。是的。他不在外面，懂你的人在這裡。我邀請你們面對面。看著對方，回顧你們成長的經歷，那個小孩在原生家庭裡受過的創傷、受過的委屈，那份不被喜歡、不被重視，那種被忽略的感覺，再怎麼努力也沒有得到認可的那份委屈和失落，甚至不知道自己父親在哪裡的迷茫。邀請你透過他的樣子，看到他內心曾經的創傷，還有一件又一件未完成的心願，長大後是如何投射給對方的？『我希望你能做我理想的媽媽，我希望你能做我理想的爸爸。』這是一個小孩子的遊戲。如果我們還是一個小孩子，向父母去爭取愛，那是天經地義。但是今天，我們已經為人父母，所以似乎這一部分需要做一些調整。我們再也沒有辦法向父母去爭取愛，也不能把在爸爸媽媽那裡得不到的愛投射給伴侶。」

❤第八步：療癒雙方內在的小孩

少芬老師：（邀請他們看著自己的代表）「穿越那個大人的模樣，穿越她的委屈、她的憤怒，看到她底層的悲傷和難過，甚至還有失望。同樣地，也穿越他的羞辱，穿越他的痛苦，穿越他的憤怒。在成長的過程中，我們一直忙著去證明自己，卻忘記了那個真正可以給我們力量的內在小孩。所以當你們準備好的時候，我邀請你們閉上眼睛。對，只有你們閉上雙眼的時候，才能打開內在的慧眼。深深地吸氣，緩緩地吐氣。告訴自己，今天我已經長大了。再一次吸氣和吐氣，把那些曾經壓抑的委屈、憤怒透過嘴巴呼出去，把覺知的力量，透過你的吸氣帶進你的身體。我邀請你們兩個透過內在的慧眼看到小時候的自己，他已經多久沒有被看見了？他埋藏在內心最深處的委屈一直沒有被看見。所以，這個部分一直成為他一生去完成、一生去追逐、一生去證明、一生去滿足的動機。看著他，有沒有留意他離你有多遠？他是否一直藏在你內心最深的一個角落？你看到他了嗎？有沒有看到他已經孤獨了多久？一個人在那裡沒有被看見，深深的失望、迷茫，他曾經也有過掙扎，但是，似乎並沒有人去理會他。當你準備好的時候，我邀請你放鬆、放鬆，越放鬆，你的潛意識就越會打開，你內在曾經被凍結的情感越容易得到釋放、流動。放鬆，持續地做深呼吸。隨著每一次深呼吸，都感覺到身體比之前更加放鬆，你和自己的內心都可以有更好的連結、更好的遇見。所以，當你準備好的時候，可以慢慢地鼓起勇氣張開雙臂抱著他。告訴他，我已經長大了，我已經不是當年那個小孩了，我有能量可以保護你。」

（和內在小孩連結）

「閉上眼睛去感覺，你似乎看到他的樣子，看看他的眼神，因為他已經習慣了孤單，你留意到他的眼神有點驚慌失措：『這是誰？為什麼他會走向我？』請你留意他的身高、他的身材，當年你就是這樣瘦小，肌肉還沒有長出來。他在成長的過程裡，有沒有人溫柔地去撫摸他，擁抱他？可能過去從來沒有，但現在由你來創造，去擁抱他，對他說：『××，是我，看著我，我已經長大了，現在我已經可以保護你，不需要讓你重新經歷那些創傷和痛苦。我知道在你內心曾經有很多委屈和痛苦，說不出來的痛苦，渴望有一個人關心、愛護你。今天我來了，請你看著我，我已經長大了。』他可能有點不知所措，他不太確定：『這是真的嗎？真的還會有人來愛護我嗎？』用你內在的眼睛看著他的眼睛，看著他，跟他說：『我已經長大了，從今以後沒有人可以再傷害你、攻擊你、羞辱你。』你可以嘗試著把他抱到懷抱裡，給他一個從來沒有過的溫暖懷抱，結實有力的擁抱，把你全身心的力量給他。這是你內心中一直渴望的。在成長過程中你受到委屈和創傷時，你一直渴望有一個強大的肩膀給你力量。跟他說：『××，我看到你了，我看到你的悲傷，如果你有眼淚，我會允許你在我面前自由地流淚，眼淚代表你內心最真實的語言。如果沒有人能理解你，假如連妻子／丈夫也無法理解你，請放心，我可以理解你。如果你內心有孤獨，我會給你一個擁抱。』去想像那個孤獨了三十多年的小孩，今天終於有一個真正理解他的人給他一個強而有力的擁抱，他會是怎樣的感覺呢？邀請你用最真誠的心去融化他、感動他，把他那顆冰封三十多年的心用你的真誠去融化。在感動別人之前把自己感動，在去愛別人之前先把這份愛給你自己，在去真正理解別人之前先去理解自己。那個生命當中最重要的人，一直在尋尋覓覓，能夠陪伴你、懂你的那個人不在外面，就在你的內在。現在，我邀請你和你的內心說接下來的這些話：『××，我看見你了，對不起，我過去一直以為自己很堅強，但是沒想到，我過去三十多年來，把一份冷漠給了你。請原諒，原諒我過去一直漠視你的孤獨，卻一直在外面尋找答案。謝謝你，謝謝你過去三十多年不離不棄，一直在我身旁陪伴我。在我跌倒的時候，是你鼓勵我一次又一次地站起來，告訴我可以做到。謝謝你，謝謝你的不離不棄，儘管我是如此忽略你。』告訴他：『在未來的日子裡，我會陪伴在你的左右，陪你一起回家，回一個由我們一起創造的幸福的家。』」

❤第九步：檢驗諮商的效果

少芬老師邀請夫妻對視：「現在有什麼不同的感覺？」

丈夫：「我感覺不應該用對自己的方式去對她。我很感謝從前的自己經受了很多來自家庭和同學的打擊，現在我比他們強。在金錢上，比他們都強，我超越了父母，超越了所有的同學。這都是我自己努力得來的。我很感謝小時候的經歷。」

少芬老師：「我看到你流了很多汗。」

丈夫：「剛剛我一直用心在和從前的我說話。」

少芬老師：「這是一份能量的流動。」

丈夫：「我感謝從前的自己，吃過不少苦，更堅定了自己持續向上的動力。但我用對自己的方式同樣去對待妻子，這是錯誤的。」

少芬老師：「你願意和她一直保持這樣的距離嗎？」

丈夫：「我希望能和她更近一點。」

少芬老師：「你希望能近一點。（轉向妻子）你呢？此刻你再看你丈夫的時候有什麼不一樣的感受嗎？」

妻子：「我現在更能理解他做很多事的一些原因。」

少芬老師：「你現在有什麼感受？」

妻子：「我覺得他父母的影響對他很不好，從心裡感覺到他很可憐。」

少芬老師：「同時呢？他從那個經歷走到今天，你又會如何欣賞他？」

妻子：「我覺得他很不容易，如果把我放在他的那個家庭裡，我覺得自己可能做得不一定有他好，甚至會比他差很多。」

少芬老師：「所以，這是一個很堅強的男子漢。我建議你們眼神連結十秒。看著這麼帥氣的丈夫，丈夫也看著這麼嬌小的妻子。你們是否願意去改變這個距離？你們可以繼續保持這個距離站在這裡，也可以主動地邁出第一步。」

丈夫主動邁向了妻子。

少芬老師：「近距離再看一下，感受一下。」

妻子：（流淚）「當初和你結婚之前，我在猶豫是否要和你結婚。你當時做過一件事讓我下定決心嫁給你：有一次我和一個男人發生口角，你當下就上前打了那個人，當時我就有很強大的安全感，覺得你就是我要找的人。我覺得和你過日子，以後你能保護我。」

少芬老師：「接下來，你們是否願意為增加彼此的安全感做出一些積極的努力？（問丈夫）你願意繼續去努力嗎？」

丈夫：「我願意。」

少芬老師：「那你呢？你願意繼續去努力嗎？」

妻子：「我願意。」

少芬老師對著丈夫說：「你有沒有看到她現在的眼淚？」

丈夫走向妻子，主動擁抱了妻子。

少芬老師邀請夫妻手牽手、面對面：「現在我邀請你們回顧一下：當初對方是怎麼深深吸引了你？對方又曾為你做過什麼樣的努力？過去你對他的這些努力，有沒有發自內心地欣賞和感恩，還是視為理所當然？如果關係裡面一直只有索取，關係就會變乾涸。如果彼此互相給予和感恩，這段關係就會變得滋養。所以這是一念天堂，一念地獄。你可以繼續證明你是對的，對方是錯的。這些是否對婚姻有利呢？如果你的決定是繼續在一起，你可以做出一些什麼積極、有意義的行動？你是否願意去為那個溫暖和諧的關係做出一些調整，說出一些從來沒說過的話？可能有些話對你來說真的很難說出口、很肉麻，你是否願意去挑戰這個部分，這由你來決定。肉麻的話，可能你會以為沒有用，但是對對方來說就是甘露，就是救活這段關係的甘露。看著她的眼淚，跟她說一些你之前沒有說過的話。」

丈夫對妻子說：「老婆，有眼淚是可以的。關心是我的功課，你的眼淚提醒我，人是有血有肉的。當你流眼淚的時候，表示你是一個有血有肉的人。我忽然發現過去我把自己活成了一個機器人，已經丟失了作為一個人的情感。所以你在提醒我，我是一個人，我可以有眼淚。」

少芬老師舉起丈夫的手去擦拭妻子的眼淚。丈夫露出了羞澀的笑容。

少芬老師：「這不是很美嗎？我要開一門課，教那些『機器人』如何談情說愛。」

高寶書版集團
gobooks.com.tw

新視野 New Window 275

你的親密關係模式，藏著你過去的傷：心理諮商師帶你看見童年對婚姻的影響，陪你療癒創傷、修復關係，重獲愛的能力

作　　者　曾少芬
責任編輯　陳柔含
封面設計　黃馨儀
內頁排版　賴姵均
企　　劃　鍾惠鈞

發 行 人　朱凱蕾
出　　版　英屬維京群島商高寶國際有限公司台灣分公司
　　　　　Global Group Holdings, Ltd.
地　　址　台北市內湖區洲子街 88 號 3 樓
網　　址　gobooks.com.tw
電　　話　(02) 27992788
電　　郵　readers@gobooks.com.tw（讀者服務部）
傳　　真　出版部　(02) 27990909　行銷部 (02) 27993088
郵政劃撥　19394552
戶　　名　英屬維京群島商高寶國際有限公司台灣分公司
發　　行　英屬維京群島商高寶國際有限公司台灣分公司
初版日期　2023 年 10 月

原書名：和愛情結婚
本書通過四川文智立心傳媒有限公司代理，經北京盛世卓傑文化傳媒有限公司授權，同意由英屬維京群島商高寶國際有限公司台灣分公司出版發行中文繁體字版本。非經書面同意，不得以任何形式任意重製、轉載。

國家圖書館出版品預行編目（CIP）資料

你的親密關係模式，藏著你過去的傷：心理諮商師帶你看見童年對婚姻的影響，陪你療癒創傷、修復關係，重獲愛的能力 / 曾少芬著．-- 初版．-- 臺北市：英屬維京群島商高寶國際有限公司臺灣分公司，2023.10
　面；　公分．--（新視野 275）

ISBN 978-986-506-827-1（平裝）

1.CST: 婚姻　2.CST: 兩性關係　3.CST: 心理治療

544.3　　　　112014837